清涼國師華嚴經疏鈔

청량국사화엄경소초 16

— 세주묘엄품 ⑥ —

청량징관 찬술 · 관허수진 현토역주

운주사

서언

천이백 년 침묵의 역사를 깨고

오늘도 나는 여전히 거제만을 바라본다.
겹겹이 조종하는 산들
산자락 사이 실가닥 저잣길을 지나 낙동강의 시린 눈빛
그 너머 미동도 없는 평온의 물결 저 거제만을 바라본다.
십오 년 전 그날 아침을 그리며 말이다.
나는 2006년 1월 10일 은해사 운부암을 다녀왔다.
그리고 그날 밤 열한 시 대적광전에서 평소에 꿈꾸어 왔던 『청량국사 화엄경소초』 완역의 무장무애를 지심으로 발원하고 번역에 착수하였다.
나의 가냘픈 지혜와 미약한 지견으로 부처님의 비단과도 같은 화장세계에 청량국사의 화려하게 수놓은 소초의 꽃을 피워내는 긴 여정을 시작한 것이다.
화엄은 바다였고 수미산이었다.
그 바다에는 부처님의 용이 살고 있었고
그 산에는 부처님의 코끼리가 노닐고 있었다.
예쁘게 단장한 청량국사 소초의 꽃잎에는 부처님의 생명이 태동하고 있었고,
겁외의 연꽃 밭에는 영원히 지지 않는 일승의 꽃이 향기를 뿜어내고

있었다.
그 바다 그 산 그리고 그 꽃밭에서 10년 7개월(구체적으로는 2006년 1월 10일부터 2016년 8월 1일까지) 동안 자유롭게 노닐었다.
때로는 산 넘고 강 건너 협곡을 지나고
때로는 은하수 별빛 따라 오작교도 다니었다.
삼경 오경의 그 영롱한 밤
숨쉬기조차 미안한 고요의 숭고함
그 시공은 영원한 나의 역경의 놀이터였다.

애시당초 이 작업은 세계 인문학의 자존심
내가 살아 숨쉬는 이 나라 대한민국 그리고 불교의 자존심에 기인한 것이다.
일찍이 그 누가 이 청량국사의 『화엄경소초』를 완역하였다면 나는 이 작업을 하지 않았을 것이다.
지금도 여전히 완역자는 없다.
더욱이 이 『청량국사화엄경소초』의 유일한 안내자 인악스님의 『잡화기』와 연담스님의 『유망기』도 그 누가 번역한 사실이 없다.
그러나 내 손안에 있는 두 분의 『사기』는 모두 다 번역하여 주석으로 정리하였다.

이 청량국사 화엄경의 소는 초를 판독하지 않으면 알 수가 없다.
그래서 그 이름을 구체적으로 대방광불화엄경수소연의초大方廣佛華嚴經隨疏演義鈔라 한 것이다.

즉 대방광불화엄경의 소문을 따라 그 뜻을 강연한 초안의 글이라는 것이다.

청량국사는 『화엄경』의 소문을 4년(혹은 5년) 쓰시되 2년차부터는 소문과 초문을 함께 써서 완성하시고 5년차부터 8년 동안 초문을 쓰셨다.

따라서 그 소문의 양은 초문에 비하면 겨우 삼분의 일에 지나지 않는다 할 것이다.

나는 1976년 해인사 강원에서 처음 『청량국사화엄경소초 현담』 여덟 권을 독파하였고,

1981년부터 3년간 금산사 화엄학림에서 『청량국사화엄경소초』를 독파하였다.

그때 이미 현토와 역주까지 최초 번역의 도면을 완성하였고,

당시에 아쉽게 독파하지 못한 십정품에서 입법계품까지의 소초는 1984년 이후 수선 안거시절 해제 때마다 독파하여 모두 정리하였다.

그러나 번역의 기연이 맞지 않아 미루다가 해인사 강주시절 잠시 번역에 착수하였으나 역시 기연이 맞지 않아 미루었다.

그리고 드디어 2006년 1월 10일 번역에 착수하여 2016년 8월 1일 십만 매 원고로 완역 탈고하고, 2020년 봄날 시공을 초월한 사상 초유 『청량국사화엄경소초』가 1,200년 침묵의 역사를 깨고 이 세상에 처음 눈을 뜨게 된 것이다.

번역의 순서는 먼저 입법계품의 소초, 다음에는 세주묘엄품 소초에서 이세간품 소초까지, 마지막으로 소초 현담을 번역하였다.
번역의 형식은 직역으로 한 글자도 빠뜨리지 않고 번역하였다. 따라서 어색하게 느껴지는 곳도 있을 것이다.
예를 들면 소所 자를 "바"라 하고, 지之 자를 지시대명사로 "이것, 저것"이라 하고, 이而 자를 "그러나"로 번역한 등이 그렇다.
판본은 징광사로부터 태동한 영각사본을 뿌리로 하였고, 대만에서 나온 본과 인악스님의 『잡화기』와 연담스님의 『유망기』와 또 다른 사기 『잡화부』(잡화부는 검자권부터 광자권까지 8권만 있다)를 대조하여 번역하였다.

앞에서 이미 말한 것처럼, 그 누가 청량국사의 『화엄경소초』를 완역한 적이 있었다면 나는 이 번역에 착수하지 않았을 것이다. 지금까지 이 황금보옥黃金寶玉의 『청량국사화엄경소초』가 번역되지 아니한 것은 나에게 주어진 시대적 사명이고 역사적 명령이라 생각한다.
나는 이 『청량국사화엄경소초』의 완역으로 불조의 은혜를 갚고 청량국사와 은사이신 문성노사 그리고 나를 낳아준 부모의 은혜를 일분 갚는다 여길 것이다.

끝으로 이 『청량국사화엄경소초』가 1,200년의 시간을 지나 이 세상에 눈뜨기까지 나와 인연한 모든 사람들 그리고 영산거사 가족과 김시열 거사님께 원력의 보살이라 찬언讚言하며, 나의 미약한 번역으로 선지자의 안목을 의심케 할까 염려한다.
마지막 희망이 있다면 이 『청량국사화엄경소초』의 완역 출판으로 청량국사에 대한 더욱 깊고 넓은 연구와 『화엄경』에 대한 더욱 다양한 연구가 이루어지기를 바라는 것뿐이다.
장세토록 구안자의 자비와 질책을 기다리며 고개 들어 다시 저 멀리 거제만을 바라본다.
여전히 변함없는 저 거제만을.
2016년 8월 1일 절필시에 게송을 그리며

長廣大說無一字 장광대설무일자
無碍眞理亦無義 무애진리역무의
能所兩詮雙忘時 능소양전쌍망시
劫外一經常放光 겁외일경상방광

화엄경의 장대한 광장설에는 한 글자도 없고
화엄경의 걸림없는 진리에는 또한 한 뜻도 없다.
능전의 문자와 소전의 뜻을 함께 잊은 때에
시공을 초월한 경전 하나 영원히 광명을 놓누나.

불기 2565년 음력 1월 10일 최초 완역장
승학산 해인정사 관허 수진

● 화엄경소초현담華嚴經疏鈔玄談(1~8)

● 화엄경소초華嚴經疏鈔

  1. 세주묘엄품世主妙嚴品
  2. 여래현상품如來現相品
  3. 보현삼매품普賢三昧品
  4. 세계성취품世界成就品
  5. 화장세계품華藏世界品
  6. 비로자나품毘盧遮那品
  7. 여래명호품如來名號品
  8. 사성제품四聖諦品
  9. 광명각품光明覺品
10. 보살문명품菩薩問明品
11. 정행품淨行品
12. 현수품賢首品
13. 승수미산정품昇須彌山頂品
14. 수미정상게찬품須彌頂上偈讚品
15. 십주품十住品
16. 범행품梵行品
17. 초발심공덕품初發心功德品
18. 명법품明法品

• 청량국사화엄경소초 •

19. 승야마천궁품昇夜摩天宮品
20. 야마천궁게찬품夜摩天宮偈讚品
21. 십행품十行品
22. 십무진장품十無盡藏品
23. 승도솔천궁품昇兜率天宮品
24. 도솔천궁게찬품兜率天宮偈讚品
25. 십회향품十廻向品
26. 십지품十地品
27. 십정품十定品
28. 십통품十通品
29. 십인품十忍品
30. 아승지품阿僧祇品
31. 여래수량품如來壽量品
32. 보살주처품菩薩住處品
33. 불부사의법품佛不思議法品
34. 여래십신상해품如來十身相海品
35. 여래수호광명공덕품如來隨好光明功德品
36. 보현행품普賢行品
37. 여래출현품如來出現品
38. 이세간품離世間品
39. 입법계품入法界品

영인본 3책 昃字卷之二

대방광불화엄경수소연의초 제사권
大方廣佛華嚴經隨疏演義鈔 第四卷

우진국 삼장사문 실차난타 번역
청량산 대화엄사 사문 징관 찬술
대한민국 조계종 사문 수진 현토역주

세주묘엄품 제일의 사권
世主妙嚴品 第一之四卷

經

復次 普光焰藏主火神은 得悉除一切世間闇케하는 解脫門하며

다시 보광염장 주화신은[1] 일체 세간의 어두움을 다 제멸케 하는 해탈문을 얻었으며,

疏

第六은 主火神이니 長行十法이라 有云호대 準梵本인댄 此脫第四라하니라 一은 以進力으로 現世하야 除物無明이니 以最初故로 偏從火義니라

제 여섯 번째는 주화신이니
장행문에 십법이 있다.
어떤 사람이 말하기를 범본을 기준한다면 여기에 제 네 번째가

---

1 보광염장 주화신 이하는 제 다섯 번째 무치란행에 속한다.

빠졌다 하였다.

첫 번째는 정진의 힘으로써 세간에 나타나 중생의 무명을 제멸케 하는 것이니,

최초인 까닭으로 치우쳐 불(火)의 뜻을 좇아 이름하였다.[2]

---

2 치우쳐 불의 뜻을 좇아 이름하였다고 한 것은, 주화신의 십중十中에 최초인 까닭으로 치우쳐 불의 뜻을 좇아 보광염장普光欽藏(불의 뜻)이라 이름하였다는 것이다.

経

普集光幢主火神은 得能息一切衆生의 諸惑漂流熱惱苦케하는 解脫門하며

보집광당 주화신은 일체중생의 모든 미혹으로 표류하고 열뇌熱惱하는 고통을 쉬게 하는 해탈문을 얻었으며,

疏

二는 惑有二義하니 一은 漂요 二는 惱니 善巧廻轉하면 則能息之니라

두 번째는 미혹에 두 가지 뜻이 있나니
첫 번째는 표류요,
두 번째는 열뇌이니,
선교善巧로 회전廻轉케 하면 곧 능히 쉬게 될 것이다.

經

大光遍照主火神은 得無動福力과 大悲藏의 解脫門하며

대광변조 주화신은 동요하지 않는 복덕의 힘과 대비 창고의 해탈문을 얻었으며,

疏

三은 稱性之福은 相惑不動이요 與大悲合은 自利不動이니 俱能攝德하야 無盡名藏이라

세 번째는 자성에 칭합한 복덕은 현상現相과 번뇌에 동요하지 않고 대비로 더불어 칭합한 복덕은 자리自利에 동요하지 않는 것이니, 함께 능히 복덕을 섭수하여 끝이 없는 것을 창고라 이름하는 것이다.

經

衆妙宮殿主火神은 得觀如來神通力으로 示現無邊際하는 解脫門하며 (此神名及法은 舊本無어니와 依今經하야 補出이니 頗與偈文으로 相合이라)

중묘궁전 주화신은 여래가 신통력으로 시현하시기를 끝없는 곳까지 하심을 관찰하는 해탈문을 얻었으며,
(이 신의 이름과 그리고 법문은 구본에는 없거니와, 지금의 경을 의지하여 보충하여 설출한 것이니 자못 게송의 문장으로 더불어 서로 부합하는 것이다.)

疏

四는 有云호대 準梵本인댄 神名은 勝上藥光普照라하고 法門名은 普能除煩惱塵이라하니 謂劫海行滿일새 故로 今能現通滅惑이라 偈云호대 衆妙宮神은 同前列名이니 衆妙는 卽勝上義耳니라 然이나 諸本에 多無어니와 或有本엔 則具云호대 衆妙宮殿主火神은 得大慈悲로 廣蔭衆生하는 解脫門이라하니 恐是傳寫의 脫漏耳니라

네 번째는 어떤 사람이 말하기를 범본을 기준한다면 신의 이름은 승상예광보조勝上藥光普照라 하고 법문의 이름은 보능제번뇌진普能除煩惱塵이라 한다 하였으니,
말하자면 수많은 세월의 바다에 수행을 만족하였기에 그런 까닭으로

지금에 능히 신통을 나타내어 미혹을 멸제하는 것이다.
게송에 말하기를 중묘궁신衆妙宮神이라고 한 것은 앞에 열명列名과 같나니 중묘衆妙라는 말이 곧 승상勝上이라는 뜻이다.
그러나 모든 본本에는 이 게송이 다분히 없거니와 혹 어떤 본[3]에는 곧 갖추어 말하기를 중묘궁전 주화신은 큰 자비로 널리 중생을 덮는 해탈문을 얻었다 하였으니,
의심컨대 이것은[4] 전사傳寫한 사람이 빠뜨려 누락한 것이 아닌가 한다.

---

3 어떤 본이라고 한 것은, 사思·원元·남南장경이다.
4 의심컨대 이것이라고 한 등은, 그 뜻에 말하기를 이미 범본과 그리고 어떤 본에 다 그 문장이 있었다면 곧 저 모든 본에 다분히 없는 것은 다만 전사한 사람의 허물일 뿐이다. 역시 『잡화기』의 말이다.

> 經

無盡光髻主火神은 得光明이 照耀無邊虛空界하는 解脫門하며

무진광계 주화신은 광명이 끝없는 허공계를 비추는 해탈문을 얻었으며,

> 疏

五에 光明照耀等者는 日光合空하면 等空無際요 智符實相하면 稱實無邊이니 雖曠劫修成이나 全同本有니 窮靈極數하야 妙盡難思니라 實爲惑本은 即是正因이요 智照心源은 即是了因이라

다섯 번째 광명이 끝없는 허공계를 비춘다고 한 등은 태양의 광명이 허공에 합하면 허공과 같아 끝이 없고 지혜가 실상에 부합하면 실상에 칭합하여 끝이 없나니,
비록 수많은 세월토록 수행하여 성취했다[5] 할지라도 온전히 본유本有의 심체와 같나니
영감을 다하고[6] 수운數運을 다하여 그 묘리를 다할지라도 사의하기

---

[5] 수행하여 성취했다고 한 등은, 원문에 수성修成은 시각始覺이고, 본유本有는 본각本覺이다.
[6] 영감을 다한다고 한 등은, 원문에 궁영窮靈이라 한 영靈은 영감靈鑑이고, 극수極數라 한 수數는 수운數運이니 운수運數이다. 이 말은 『조론』의 말이나, 여기서는 『조론』의 뜻을 따르지 않고 말만 빌려 왔을 뿐이다.

어려운 것이다.
실상으로 미혹의 근본을 삼는 것은 곧 이것은 정인正因이요,
지혜로 마음의 근원을 비추는 것은 곧 이것은 요인了因이다.

鈔

日光合空等者는 初에 擧喩요 智符已下는 二에 合이니 以智合日하고 以實相合空이라 符者는 分而合也니 實相體上에 本有智光거늘 無始迷之라가 今方朗悟라 卽我始會之언정 非照今有일새 故與實相으로 分而合也니라 實相無邊일새 智亦無邊호미 如空無際일새 光亦無際니라

태양의 광명이 허공에 합한다고 한 등은 처음에 비유를 든 것이요, 지혜가 실상에 부합한다고 한 이하는 두 번째 법합法合이니 지혜로써 태양에 법합하고 실상으로써 허공에 법합한 것이다.
부符라는 것은 나눈 것을 합하는 것이니[7]
실상의 자체 위에 본래 지혜의 광명이 있었거늘, 비롯함이 없이 옴으로 그것을 미혹하였다가 지금에사 바야흐로 밝게 깨달은 것이다.
곧 내가 비로소 그것을 알았을지언정, 지금에 처음 있는 것을 비춘 것이 아니기에 그런 까닭으로 실상으로 더불어 나눈 것을 합한다

난사難思는 본유의 심체心體는 사의하기 어렵다는 것이다.
7 나눈 것을 합하는 것이라고 한 것은, 두 조각으로 나눈 것을 합하는 것이다.

하는 것이다.
실상은 끝이 없기에 지혜도 또한 끝이 없는 것이 마치 허공이 끝이 없기에 광명도 또한 끝이 없는 것과 같다.

雖曠劫修成이나 全同本有者는 以偈文會義也라 偈云호대 億劫修成不可思일새 求其邊際莫能知라하니 義乃修成한 智無際耳어니 何得分而合也리요할새 故今答云호대 雖則修成이나 全同本有라하니 是以經云호대 演法實相令歡喜라하니라 故疏結云호대 窮靈極數는 卽是修成이요 妙盡難思는 卽符本有니라 亦猶始覺同本覺하야는 無復始本之異하야 爲究竟覺이라

비록 수많은 세월토록 수행하여 성취했다 할지라도 온전히 본유와 같다고 한 것은 게송의 문장으로써 그 뜻을 회통한 것이다.
게송에 말하기를 억 세월에 수행하여 성취한 것은 가히 사의할 수 없기에 그 끝을 구하여도 능히 알 수가 없다 하였으니
그 뜻은 이에 수행하여 성취한 지혜는 끝이 없거니 어찌 나눈 것을 합한다 함을 얻겠는가 하기에, 그런 까닭으로 지금에 답하여 말하기를 비록 곧 수행하여 성취하였다 할지라도 온전히 본유와 같다 하였으니,
이런 까닭으로 경[8]에 말하기를 법의 실상을 연설하여 하여금 환희케 한다 하였다.

---

8 경이란 게송이니, 영인본 화엄 3책, p.125, 7행에 있다.

그런 까닭으로 소문(疏)에 맺어 말하기를 영감을 다하고 수운을 다한다고 한 것은 곧 닦아서 성취한다고 한 것이요,
묘리를 다할지라도 사의하기 어렵다고 한 것은 곧 본유에 부합한다고 한 것이다.
또 비유하자면 시각이 본각과 같아서는 다시는 시각과 본각이 다름이 없어서 구경각이 되는 것과 같다.

窮靈極數之言은 卽肇論에 劉遺民의 所難인 般若無知論語라 具云하면 但今談者의 所疑는 於高論之旨가 欲求聖心之異하야 爲謂窮靈極數하야 妙盡冥符耶아 謂將心體自然하야 靈怕獨感耶아 若窮靈極數하야 妙盡冥符인댄 則寂照之名일새 故로 是定慧之體耳요 若心體自然하야 靈怕獨感인댄 則群數之應이 固已幾乎息矣니다하니 此公意云호대 若窮靈極數하야 妙盡冥符인댄 則是修極於無修니 窮靈은 爲照요 妙盡은 爲寂이라 亦是我之定慧어니 何用別立無知리요 若心體自然하야 靈怕獨感인댄 則是體本無知니 固合無乎應用이어늘 何以言般若無知나 對緣而照리요 故로 結云호대 疑者컨대 當以撫會하야 應機覩變之知가 不可謂之不有라하니라 論主答云호대 意謂妙盡冥符인댄 不可以定慧爲名이요 靈怕獨感인댄 不可稱群數已息이니라 兩言雖異나 妙用常一이니 迹我而乖나 在聖不殊也라하니라 釋曰 觀肇公의 答上句云인댄 旣冥符心體어니 何可以定慧爲名이리요 若以定慧爲名인댄 則未符心體라 答下句意云호대 靈怕獨感과 與窮靈極數의 二義相合거니 何得息於群數之應이리요 故云호대 兩言雖異나 在聖不殊也라하니라 今疏엔 總不用彼難答의 本意하고 借其問中

一句니 謂窮其靈鑑하고 極其數運하야 妙無不盡하면 則合心體難思 耳니라

영감을 다하고 수운을 다한다고 한 말은 『조론肇論』에 유유민劉遺民이 질문한 바 반야무지[9]론에 대한 말이다.
구체적으로 말하면 다만 지금에 담론하는 이가 의심하는 바는 고론高論[10]의 뜻이 성인의 마음이 다른 것만 구하고자 하여[11] 신령을 다하고 상수를 다하여 묘리를 다하고 그윽이 부합함을 말하는 것입니까, 심체가 자연自然스레 신령하고 담박하여 홀로 감응함[12]을 가져 말하는 것입니까.
만약 신령을 다하고 상수를 다하여 묘리를 다하고 그윽이 부합한다고 한다면 곧 고요함과 비춤(寂照)의 이름이기에 그런 까닭으로 이것은 선정과 지혜의 자체요,
만약 심체가 자연스레 신령하고 담박하여 홀로 감응한다고 한다면 곧 수많은 상수[13]의 감응이 진실로 이미 거의 쉬었을 것입니다 하였

---

9 반야무지般若無知는, 기본적으로 정지正智는 무념무분별無念無分別이기에 반야무지라 하나 인연 따라 비추는 것이다.
10 고론高論은 고준한 논문, 논리이니 반야무지론을 말한다.
11 성인의 마음이 다른 것만 구하고자 한다고 한 것은, 승조가 신령한 마음으로 반야무지를 삼아 논리를 세우는 까닭으로 유유민이 그 신령한 마음이 범부의 마음과 다름을 구하고자 하는 것이다. 바로 아래 위위궁령爲謂窮靈 이하는 심체心體에 대하여 유유민이 묻고 있는 것이다. 이 가운데 묻고 답하는 것은 생각을 유착시키면 가히 알 수 있을 것이다.
12 원문에 독감獨感은 독로獨露의 뜻이다.

으니,

이 공公[14]의 뜻에 말하기를 만약 신령을 다하고 상수를 다하여 묘리를 다하고 그윽이 부합한다고 한다면 곧 이것은 닦아서 닦을 것이 없는 데까지 이르는 것이니

신령을 다했다고 한 것은 비춤(照)이 되는 것이요,

묘리를 다했다고 한 것은 고요함(寂)이 되는 것이다.

역시 제가[15] 말한 선정과 지혜이거니 어찌 다른 무지無知를 세웁니까. 만약 심체가 자연스레 신령하고 담박하여 홀로 감응한다고 한다면 곧 이것은 심체가 본래 무지無知니 진실로 합당히 감응의 작용이 없어야 하거늘, 어찌하여 반야는 무지이지만 인연을 상대하여 비춘다고[16] 말합니까.

그런 까닭으로 질문을 맺어 말하기를 의심컨대 성인은 마땅히 어루만져 회합하여 근기에 응하여 변화를 보는 지해(知)가 가히 있지 않다고 말하지 말아야 할 것입니다 하였다.

논주(승조)가 답하여[17] 말하기를 그대 뜻에 말하기를 묘리가 다하고

---

13 원문에 군수群數는 수많은 사물을 말한다.
14 이 공公이란, 유유민이다.
15 역시 제가 운운은, 저(我)란 유유민의 범부 마음이다. 즉 유유민의 뜻에 만약 신령을 다한다는 등으로 성인의 마음을 삼는다면 이에 이것은 적조寂照이다. 이것은 나의 범부 마음이 곧 닦아야 할 선정과 지혜이거니, 범부 마음으로 더불어 무엇이 다르길래 따로 무지無知를 세우는가 하는 말이다.
16 반야무지는 자체이고, 인연을 상대하여 비추는 것은 작용이다.
17 논주가 답하였다고 한 아래는, 이 앞에 내용은 유유민이 질문한 편지이고, 여기 답은 승조가 그 질문에 답한 내용이다. 의意 자도 『조론』의 말이다.

그윽이 부합한다 하였다면 가히 선정과 지혜로 이름을 붙일 수 없고,

신령하고 담박하여 홀로 감응한다 하였다면 가히 수많은 상수가 이미 쉬었을 것이라고 이름하지 말아야 할 것이다.

두 가지 말이 비록 다르지만 묘용妙用은 영원히 하나이니,

나에게 있어서는 다른 듯하지만 성인에게 있어서는 다르지 않다 하였다.[18]

해석하여 이르기를 승조법사가 위의 구절을 답하여 말한 것을 관찰한다면 이미 심체에 그윽이 부합하였거니[19] 어찌 가히 선정과 지혜로써 이름하겠는가.

만약 선정과 지혜로써 이름하였다면 곧 심체에 부합하지 못한 것이다.

아래 구절을 답한 뜻에 말하기를 신령하고 담박하여[20] 홀로 감응한다

---

18 나에게 있어서 운운은 유유민의 주관적 생각, 즉 범인의 생각을 이끌어 말한 것이고, 성인에 있어서 운운은 성인의 경지를 이끌어 자기의 생각을 밝힌 것이다. 적아迹我라 한 적迹 자는 유有의 뜻이다.
19 이미 심체에 그윽이 부합하였다고 한 등은, 그 뜻에 말하기를 설사 궁영窮靈 등으로써 성심을 삼을지라도 이미 본유本有한 심체로 더불어 그윽이 부합하여 선정과 지혜라는 이름이 없는 까닭으로 범심凡心이 닦은 바 선정과 지혜가 심체에 부합하지 못하는 것과는 다른 것이다. 역시 『잡화기』의 말이다.
20 신령하고 담박하다고 한 등은, 그 뜻에 말하기를 설사 신령하고 담박한 등으로 신령한 마음을 삼고, 본유本有(본각)를 삼는 것이 수많은 세월에 닦아서 이루는 것(시각)에 걸리지 않는다면 곧 신령하고 담박한 곳에 스스로 영감을 다하는 까닭으로 또한 인연을 상대하여 비춘다는 말에 어기지 않는 것이다.

는 것과 그리고 신령을 다하고 상수를 다했다고 한두 가지 뜻이
서로 부합하거니, 어찌 수많은 상수의 감응이 쉬었다[21] 함을 얻겠
는가.
그런 까닭으로 말하기를 두 가지 말이 비록 다르지만 성인에게
있어서는 다르지 않다 하였다.

지금의 소문에서는 모두 저 『조론』의 질문과 답의 본뜻을 인용하지
않고 그 질문 가운데 일구一句만을 빌려 왔을[22] 뿐이니,
말하자면 그 영감을 다하고 그 수운을 다하여 그 묘리를 다하지
아니함이 없게 하면 곧 심체의 사의하기 어려움에 부합할 것이다.

疏

如空與日을 今略申十義하야 以辯難思호리라 一은 謂日與空은 非
卽非離요 二는 非住非不住요 三은 而日은 善作破闇良緣과 顯空
之要요 四는 雖復滅闇顯空이나 空無損益이요 五는 理實無損이나
事以推之컨댄 闇蔽永除하고 性乃無增이나 空界所含의 萬像皆現
이요 六은 而此虛空은 性雖淸淨이나 若無日光인댄 則有闇起요

역시 『잡화기』의 말이다.
21 쉬었다는 것은, 부합하지 못한다는 뜻이다. 따라서 득식得息은 부합하지
   못한다고 함을 얻겠는가 하는 뜻이다.
22 일구一句만을 빌려 왔다고 한 것은, 그 유유민의 질문 가운데 궁령극수窮靈極數
   라는 한 구절만 빌려 와서 썼다는 것이다.

七은 非以虛空空故로 自能除闇하나니 闇若除者인댄 必假日光이요 八은 日若無空인댄 無光無照며 空若無日인댄 闇不自除요 九는 然此闇性은 無來無去며 日之體相도 亦不生不滅이요 十은 但有日照空인댄 則乾坤洞曉니라 以智慧日로 照心性空도 亦有十義하니 準喩思之니라

저 허공과 더불어 태양을 지금에 간략하게 열 가지 뜻으로 말(申)하여 사의하기 어려움을 분별하겠다.
첫 번째는 말하자면 태양과 더불어 허공은 즉卽하지도 않고 떠나지도 않는 것이요,
두 번째는 머물지도 않고 머물지 않는 것도 아니요,
세 번째는 태양은 어둠을 깨뜨리는 좋은 인연과 허공에 나타나는 중요한 인연은 잘 짓는 것이요,
네 번째는 비록 다시 어둠을 제멸하고 허공에 나타나지만 허공은 손해되거나 이익 된 적이 없는 것이요,
다섯 번째는 이치(理)로는 진실로 손해된 적이 없지만 사실(事)로써 추정컨대 어둠의 가리움이 영원히 제멸되고,
자성(性)으로는 이에 더한 적이 없지만 허공계에 함유한 바 만상萬像이 다 나타나는 것이요,
여섯 번째는 이 허공은 자성이 비록 청정하지만 만약 태양의 광명이 없다면 곧 어둠이 일어날 수 있는 것이요,
일곱 번째는 허공은 공이 아닌 까닭으로 스스로 능히 어둠을 제멸하나니,

어둠을 만약 제멸하려면 반드시 태양의 광명을 가자하여야 하는 것이요,

여덟 번째는 태양은 만약 허공이 없다면 광명도 없고 비침도 없을 것이며, 허공은 만약 태양이 없다면 어둠을 스스로 제멸할 수 없을 것이요,

아홉 번째는 그러나 이 어둠의 자성은 온 적도 없고 간 적도 없으며 태양의 자체 모습도 또한 난 적도 없고 사라진 적도 없는 것이요,

열 번째는 다만 태양이 허공에 비추임만 있다면 곧 하늘과 땅이 훤히 밝을 것이다.

지혜의 태양으로써 심성의 허공을 비추는 것도 또한 열 가지 뜻이 있나니

비유를 기준하여 생각할 것이다.

以智慧日로 照心性空下는 總以法合이니 憑喩解法일새 故云思準이라하니라

지혜의 태양으로써 심성의 허공을 비춘다고 한 아래는 모두 법합이니

비유를 의지하면 법을 알 수 있기에 그런 까닭으로 말하기를 비유를 기준하여 생각할 것이다 한 것이다.

疏

非唯釋此文이라 亦乃遠通衆經하며 該羅前後니라

오직 이 한 문장만을 해석한 것이 아니라 또한 이에 멀리 수많은 경전에도 통하며 앞과 뒤를 다 해라該羅 한 것이다.

經

種種焰眼主火神은 得種種福莊嚴한 寂靜光의 解脫門하며

종종염안 주화신은 가지가지 복덕으로 장엄한 적정한 광명의 해탈문을 얻었으며,

疏

六은 體寂發照가 名寂靜光이니 以斯成福하야 莊嚴身相이라

여섯 번째는 자체가 고요하여 비춤을 발하는 것이 이름하여 적정한 광명이니,
이로써 복덕을 이루어 신상身相을 장엄하는 것이다.

> 經

十方宮殿如須彌山主火神은 得能滅一切世間諸趣의 熾然苦하는 解脫門하며

시방궁전여수미산 주화신은 능히 일체 세간에 제취諸趣들의 치연한 고통을 멸제하는 해탈문을 얻었으며,

威光自在主火神은 得自在開悟一切世間케하는 解脫門하며

위광자재 주화신은 자재로 일체 세간을 열어 깨닫게 하는 해탈문을 얻었으며,

> 疏

七八은 可知라

일곱 번째와 여덟 번째는 가히 알 수가 있을 것이다.

經

光照十方主火神은 得永破一切愚癡와 執著見하는 解脫門하며

광조시방 주화신은 일체 어리석음과 집착하는 소견을 영원히 깨뜨리는 해탈문을 얻었으며,

疏

九는 分別法相하야 永離不了愚癡하고 悟法實性하야 便無執著之見이라

아홉 번째는 법의 모습을 분별하여 알지 못하는 어리석음을 영원히 떠나게 하고
법의 실성을 깨달아 문득 집착하는 소견을 없애게 하는 것이다.

ⓔ

雷音電光主火神은 得成就一切願力하야 大震吼하는 解脫門하니라

뇌음전광 주화신은 일체 원력을 성취하여 크게 사자후를 진동하는 해탈문을 얻었습니다.

ⓢ

十은 以行扶願일새 故能現世하야 作師子吼니라

열 번째는 행으로써 서원을 부지하기에 그런 까닭으로 능히 세간에 출현하여 사자후를 짓는 것이다.

經

爾時에 普光焰藏主火神이 承佛威力하야 普觀一切主火神衆하고 而說頌言호대

그때 보광염장 주화신이 부처님의 위신력을 받아 널리 일체 주화신의 대중을 관찰하고 게송을 설하여 말하기를,

疏

頌加第四하니 餘並可知라

게송에는 제 네 번째를 더하였으니[23]
나머지는 아울러 가히 알 수가 있을 것이다.

---

23 게송에는 제 네 번째를 더하였다고 한 것은, 위의 장행문에서 이미 자세하게 말하였다.

經

汝觀如來精進力하라　　廣大億劫不思議에
爲利衆生現世間하사　　所有暗障皆令滅케하니다

衆生愚癡起諸見하야　　煩惱如流及火然거늘
導師方便悉滅除케하시니　普集光幢於此悟이니다

福德如空無有盡하사　　求其邊際不可得은
此佛大悲無動力이시니　光照悟入心生喜이니다

我觀如來之所行호니　　經於劫海無邊際에
如是示現神通力하시니　衆妙宮神所了知이니다

億劫修成不可思하사　　求其邊際莫能知어늘
演法實相令歡喜케하시니　無盡光神所觀見이니다

十方所有廣大衆이　　　一切現前瞻仰佛거늘
寂靜光明照世間하시니　此妙焰神所能了이니다

牟尼出現諸世間하사　　坐於一切宮殿中하야
普雨無邊廣大法하시니　此十方神之境界이니다

諸佛智慧最甚深하사　於法自在現世間하야
能悉闡明眞實理하시니　威光悟此心欣慶이니다

諸見愚癡爲暗蓋하야　衆生迷惑常流轉거늘
佛爲開闡妙法門하시니　光照方神能悟入이니다

願門廣大不思議하야　力度修治已淸淨이나
如昔願心皆出現하시니　此震音神之所了이니다

그대들은 여래의 정진력을 관찰하세요.
광대한 억 세월 사의할 수 없는 겁에
중생을 이익케 하기 위하여 세간에 출현하여
있는 바 어둠의 장애를 다 하여금 멸제케 하셨습니다.

중생이 어리석어 모든 소견을 일으켜
번뇌가 마치 물이 표류하고 그리고 불이 타는 것과 같거늘
도사가 방편으로 다 멸제케 하시니
보집광당 주화신이 이것을 깨달았습니다.

복덕이 허공과 같아 끝이 없어서
그 끝을 구하여도 가히 얻을 수 없는 것은
이것은 부처님의 큰 자비의 동요함이 없는 힘이시니
대광변조 주화신이 깨달아 들어가 마음에 환희를 내었습니다.

내가 여래의 행한 바를 보니
겁劫의 바다를 지나도록 끝없는 곳에까지
이와 같이 신통력을 시현하시니
중묘궁전 주화신이 요달하여 안 바입니다.

억 세월에 닦아 성취한 것 사의할 수 없어서
그 끝을 구하여도 능히 알 수 없거늘
법의 실상을 연설하여 하여금 환희케 하시니
무진광계 주화신이 관찰하여 본 바입니다.

시방에 있는 바 광대한 대중이
일체가 앞에 나타나 부처님을 우러러보거늘
적정한 광명으로 세간을 비추시니
이것은 종종묘염[24] 주화신이 능히 요달한 바입니다.

석가모니가 모든 세간에 출현하여
일체 궁전 가운데 앉아서
널리 끝없는 광대한 법을 비 내리시니
이것은 시방궁전여수미산 주화신의 경계입니다.

모든 부처님의 지혜는 가장 깊고도 깊어

---

24 여기에 묘염妙燄은, 장행문에 종종묘염안種種妙燄眼이라 하였다.

저 법에 자재하고 세간에 출현하여
능히 다 진실한 이치를 열어 밝히시니
위광자재 주화신이 이것을 깨닫고 마음에 기뻐 경사하였습니다.

모든 소견과 어리석음으로 어둠의 덮개가 되어
중생이 미혹하여 항상 유전하거늘
부처님이 그들을 위하여 묘한 법문을 열어 주시니
광조시방 주화신이 능히 깨달아 들어갔습니다.

서원의 문이 광대하여 사의할 수 없어서
십력과 십바라밀로 닦아 다스려 이미 청정하게 하였지만
옛날에 서원한 마음과 같이 다 출현하시니
이것은 진음[25]전광 주화신이 요달한 바입니다.

---

25 여기에 진음震音은, 장행문에 뇌음전광雷音電光이라 하였다.

經

復次 普興雲幢主水神은 得平等利益一切衆生慈의 解脫門하며

다시 보흥운당 주수신은[26] 일체중생을 평등하게 이익케 하는 자비의 해탈문을 얻었으며,

疏

第七은 主水神이니 長行十法이라 一은 無緣大慈를 是曰平等이라

일곱 번째는 주수신이니
장행문에 십법이 있다.
첫 번째는 무연無緣의 대자비를 이에 평등이라 말하는 것이다.

---

26 보흥운당 주수신 이하는 제 네 번째 무굴요행에 속하는 것이다.

經

海潮雲音主水神은 得無邊法莊嚴한 解脫門하며

해조운음 주수신은 끝없는 법으로 장엄한 해탈문을 얻었으며,

疏

二는 無邊行法으로 莊嚴自他라

두 번째는 끝없이 수행한 법으로
자기와 다른 사람을 장엄한 것이다.

經

妙色輪髻主水神은 得觀所應化하야 方便普攝하는 解脫門하며

묘색륜계 주수신은 응당 교화할 바를 관찰하여 방편으로 널리
섭수하는 해탈문을 얻었으며,

疏

三은 寂然不動으로 以觀機하며 感而遂通으로 以隨攝하나니 若冬
則積雪凝白하고 夏則無處不流니라

세 번째는 적연히 움직이지 아니함[27]으로써 근기를 관찰하시며
감동케 함에 드디어 통함으로써 섭수함을 따르시나니
마치 겨울이면 곧 눈이 쌓여 흰 눈으로 엉기고,
여름이면 곧 곳곳마다 물이 흐르지 아니함이 없는 것과 같다.

鈔

寂然不動으로 以觀機者는 此言은 卽周易繫辭이니 具云하면 夫易無
思也며 無爲也니 寂然不動이나 感而遂通天下之故라하니 今借此言
也니라

---

[27] 원문에 적연부동寂然不動이라고 한 것은, 게송문에는 적연부동무거래寂然不動無去來라 하였다.

적연히 움직이지 아니함으로써 근기를 관찰한다고 한 것은, 이 말은 곧 『주역』 계사상전의[28] 말이니,

구체적으로 말하면 대저 역易은 생각이 없으며(無心) 조작이 없나니, 적연히 움직이지 아니하지만 감동케 함에 드디어 천하에 통하는 까닭이라 하였으니,

지금에는 이 말을 빌려 온 것이다.

---

28 『주역』 계사상전 운운은 홍신문화사, 『주역』, 노태준 역, p.229, 1행에 있다.
『현담』 7권, 탄허본 46책, p.249에도 이미 인용한 바 있다.

세주묘엄품 ⑥ 45

經

善巧漩澓主水神은 得普演諸佛의 甚深境界하는 解脫門하며

선교선복 주수신은 널리 모든 부처님의 깊고도 깊은 경계를 연설하는 해탈문을 얻었으며,

疏

四는 妙音으로 演佛深旨하야 令悟妙法의 漩澓이라

네 번째는 묘한 음성으로 부처님의 깊은 뜻을 연설하여 하여금 묘한 법이 소용돌이쳐[29] 흐름(漩澓)을 깨닫게 하는 것이다.

---

29 원문에 선복漩澓은, 영인본 화엄 3책, p.223, 3행에 잘 설명하고 있다.

㉓

離垢香積主水神은 得普現淸淨大光明하는 解脫門하며

이구향적 주수신은 널리 청정한 큰 광명을 나타내는 해탈문을 얻었으며,

㉔

五는 身智二光으로 遍覺開化하야 大充法界나 淸淨無垢라

다섯 번째는 신身·지智의 두 광명으로 두루 깨달아 교화의 문을 열어 법계에 크게 충만하게 하지만 청정하여 때가 없는 것이다.

㉒

福橋光音主水神은 得淸淨法界에 無相無性한 解脫門하며

복교광음 주수신은 청정한 법계에 모습(相)도 없고 자성(性)도 없는 해탈문을 얻었으며,

㊢

六은 證淨法界엔 性相俱絕이나 德無不見이니 則大用不亡이라

여섯 번째는 청정한 법계에는 자성과 모습이 함께 끊어진 줄 증득하였지만 덕화를 보이지 아니함이 없으니,
곧 큰 작용(大用)이 없지 않는 것이다.

經

知足自在主水神은 得無盡大悲海의 解脫門하며

지족자재 주수신은 끝없는 대비의 바다 해탈문을 얻었으며,

疏

七은 衆生不窮일새 故大悲無盡이요 滿而不溢일새 有知足義焉이요 流止從緣일새 斯爲自在니라

일곱 번째는 중생이 다함이 없기에 그린 까닭으로 대비가 끝이 없는 것이요,
가득 찼지만 넘치지 않기에 지족知足의 뜻이 있는 것이요,
흐르고 그치는 것이 인연을 좇기에 이것을 자재라 하는 것이다.

經

淨喜善音主水神은 得於菩薩衆會道場中에 爲大歡喜藏하는 解脫門하며

정희선음 주수신은 보살의 대중이 모인 도량 가운데 큰 환희의 창고가 되는 해탈문을 얻었으며,

疏

八은 處處見佛일새 故로 大喜無窮이요 喜從佛生일새 卽佛名藏이니 若聆泉流之響에 無不悅也니라

여덟 번째는 곳곳에서 부처님을 보기에 그런 까닭으로 큰 환희가 끝이 없는 것이요,
환희가 부처님으로 좇아 나기에 곧 부처님을 창고라 이름하나니, 마치 샘물이 흐르는 소리를 들음[30]에 기뻐하지 아니함이 없는 것과 같다.

---

30 聆은 들을 령이다.

經

普現威光主水神은 得以無礙廣大福德力으로 普出現하는 解脫門하며

보현위광 주수신은 걸림 없는 광대한 복덕의 힘으로써 널리 출현하는 해탈문을 얻었으며,

疏

九는 性相無礙之福일새 故能普現神通이니 若空色相映之流에 威光蕩漾하니라

아홉 번째는 자성과 모습에 걸림이 없는 복덕이기에 그런 까닭으로 능히 신통을 널리 나타내나니,
마치 공空과 색色이 서로 비추어 유출함에 위엄스런 광명이 물이 흐르는[31] 것과 같다.

---

31 탕양蕩漾은, 물이 흐르는 모습이다. 여기서는 자유롭게 흐르는 것을 말하고 있다.

> 經

吼聲遍海主水神은 得觀察一切衆生하야 發起如虛空히 調伏方便하는 解脫門하니라

후성변해 주수신은 일체중생을 관찰하여 허공과 같이 조복하는 방편을 일으키는 해탈문을 얻었습니다.

> 疏

十은 調生行廣이 如空無邊하며 用靡暫停이 如空無盡이라

열 번째는 중생을 조복하는 행이 광대한 것이 마치 허공이 끝이 없는 것과 같으며,
신통 작용이 잠시도 멈추지 않는 것이 마치 허공이 다함이 없는 것과 같다.

經

爾時에 普興雲幢主水神이 承佛威力하야 普觀一切主水神衆하고 而說頌言호대

淸淨慈門刹塵數나　　共生如來一妙相이며
一一諸相莫不然하나니　是故見者無厭足이니다

그때 보흥운당 주수신이 부처님의 위신력을 받아 널리 일체 주수신의 대중을 관찰하고 게송을 설하여 말하기를,

청정한 자비의 문이 국토의 작은 티끌 수만치 많지만
모두 여래의 한 묘상妙相에서 나왔으며
낱낱 모든 상相도 그렇지 아니함이 없나니
이런 까닭으로 보는 사람이 싫어하거나 만족함이 없습니다.

疏

偈中에 第一偈의 前半은 辯一相因果요 次句는 例餘요 後句는 辯益이라 初言淸淨者는 離過無緣故요 門如塵數者는 隨宜利樂故니 以慈爲因하야 得妙相果하고 以相爲因하야 得無厭果니라 然이나 如來相이 有純有雜하나니 此就純門이라 若以雜門인댄 則隨一相一毛하야 皆收如來의 法界行盡이니 亦相相皆爾니라 純雜無礙하고 因果相融하야 圓成非分成故로 佛一相一毛가 卽同法界하야

無有分量이라 今此神은 從一慈門하야 入無盡相耳니 此는 約十身
之相이라

게송 가운데 첫 번째 게송의 앞에 반 게송은 한 모습(一相)의 원인(因)
과 과보(果)를 말한 것이요,
다음 구절32은 나머지 모습(相)을 비례하여 말한 것이요,
뒤에 구절은 이익을 말한 것이다.

처음에 말하기를 청정하다고 한 것은 허물을 떠나 반연이 없는
까닭이요,
자비의 문이 티끌 수와 같이 많다고 한 것은 마땅함을 따라 이익케
하고 즐겁게 하는 까닭이니,
자비가 원인이 되어 묘상33의 과보(果)를 얻고 묘상이 원인이 되어
싫어함이 없는 과보(果)를 얻는 것이다.
그러나 여래의 모습34이 순문純門도 있고 잡문雜門도 있나니

---

32 다음 구절은, 제삼구이다.
33 묘상妙相이라고 한 것은, 여래의 묘상이다.
34 그러나 여래의 모습이라고 한 등은, 이미 여래의 모습이 순문과 잡문이
있다고 말하였다면 곧 분명히 이것은 과상果相에 나아가 순·잡을 말한 것이니,
이미 과상에 나아가 순·잡을 말하였다면 곧 일인一因과 일체상一切相으로써
순을 삼고 일체인과 일체상으로써 잡을 삼는 것이 도리어 인행因行의 순·잡과
흡사하고, 이 과상果相의 순·잡이 아니지만 그러나 그 일인과 일체상 등이
바로 이 과상의 순·잡이 되는 까닭이다.
말하자면 일체의 상이지만 이미 일인을 좇아 이루어졌다면 곧 그 일체상이

여기서는 순문純門을 잡았다.

만약 잡문雜門이라면 곧 한 모습(一相)과 한 털끝(一毛)을 따라서 다 여래의 법계행을 거두어 다할 것이니

또한 모습과 모습이 다 그러한 것이다.

순문과 잡문이 걸림이 없고[35] 원인과 과보가 서로 융합하여 원만하게 성취되고[36] 부분으로 성취된 것이 아닌 까닭으로 부처님의 한 모습(一

모두 이 일인으로 생기한 바 상相이기에 그런 까닭으로 바야흐로 이 순이라 하는 것이니, 마치 눈도 또한 자문慈門의 상이며 귀도 또한 자문의 상이라 한 등과 같다. 또 일상이지만 이미 일체인을 좇아 이루어졌다면 곧 그 일상이 다인多因을 바라봄에 다상多相이 되는 까닭으로 바야흐로 잡이라 함을 얻나니, 마치 눈이 자비를 바라보면 곧 이 자문의 상이며 보시를 바라보면 이 시문施門의 상이라 한 등과 같다.

이것은 곧 과상果相의 순·잡은 인행因行을 바라보아 바야흐로 이루는 것이니, 인행의 순·잡이 과상을 바라보지 않고 다만 스스로 인행에만 있어 수많은 차별로 잡을 삼고 하나의 섭수하는 것으로 순을 삼는 것과는 다른 것이다. 이 가운데 뜻이 또한 보기 어렵지 않지만 사람들이 다분히 여기에서 뜻을 상실하기에 이에 번다한 말을 피하지 아니하였다. 이상은 다 『잡화기』의 말이다.

35 순문과 잡문이 걸림이 없다고 한 것은, 이것은 또한 과상果相에 두 가지 문(二門 – 순잡이문)이 걸림이 없음을 가리킨 것이나, 그러나 초문(영인본 화엄 3책, p.131, 5행)에 인상因相에 걸림이 없음을 인유한다고 말한 등은 대개 과상에 걸림이 없는 것이 인행因行에 걸림이 없음을 인유한 까닭으로 초가 또한 그 인유하는 바를 거론한 것이다.

36 원만하게 성취된다고 한 등은, 문장이 비록 인·과가 서로 융합한다고 한 뒤에 있지만 그 뜻은 이에 순문과 잡문이 걸림이 없다는 뜻이니, 초문에 있어 가히 자세히 말할 것이다. 이상은 다 『잡화기』의 말이다.

相)과 한 털끝(一毛)이 다 법계와 같아서 분량이 없는 것이다.
지금에 이 신신神은 하나의 자비문을 좇아서 끝없는 모습(相)에 들어가나니,
이것은 십신十身의 모습(相)을 잡은 것이다.

鈔

前半은 辯一相因果等者는 疏文有二하니 先은 消經文하야 辯十身相이요 後는 引經論하야 辯三身相이라 今初니 言純雜無礙하고 因果相融者는 然이나 如來相에 亦具四句니 一은 一因一相이요 二는 一因一切相이니 此皆純門이라 三은 一切因一相이요 四는 一切因一切相이니 皆是雜門이라 正純恒雜이요 雜而常純일새 故云無礙라하고 由因相無礙하야 果相亦無礙일새 故得圓成非分成耳라하니 以一切純雜無礙之行으로 成一相故라 故此一相이 即同法界어든 況因果交徹하야 因中有無盡之果하며 果中有難思之因이리요

앞에 반 게송은 한 모습(一相)의 원인과 과보를 말한 것이라고 한 등은 소문에 두 가지가 있나니
먼저는 경문을 소석하여 십신의 모습을 말한 것이요,
뒤에는 경론을 인용하여 삼신의 모습을 말한 것이다.
지금은 처음으로 순문과 잡문이 걸림이 없고 원인과 과보가 서로 융합한다고 말한 것은 그러나 여래의 모습에 또한 사구四句가 있나니
첫 번째는 한 원인에 한 모습이요,

두 번째는 한 원인에 일체 모습이니,
이것은 다 순문純門이다.
세 번째는 일체 원인에 한 모습이요,
네 번째는 일체 원인에 일체 모습이니,
다 이것은 잡문雜門이다.
바로 순문이지만 항상 잡문이고, 잡문이지만 항상 순문이기에 그런 까닭으로 걸림이 없다고 말하고,
원인의 모습이 걸림이 없음을 인유하여 과보의 모습도 또한 걸림이 없기에 그런 까닭으로 원만하게 성취되고 부분으로 성취된 것이 아니라고 함을 얻는다 하였으니,
일체 순문과 잡문이 걸림이 없는 행으로써 한 모습(一相)을 이루는 까닭이다.
그런 까닭으로 이 한 모습(一相)이 곧 법계와 같거든, 하물며 원인과 과보가 서로 사무쳐 원인(因) 가운데 끝없는 과보(果)가 있으며, 과보 가운데 사의할 수 없는 원인이 있는 것이겠는가.

疏

若三十二相之因인댄 但說一相一因이니 如智度瑜伽等論과 涅槃大集等經이라 至相海品하야 當引하리라

만약 삼십이상의[37] 원인이라면 다만 한 모습에 한 원인만 설해야

---

[37] 만약 삼십이상 운운은, 그윽이 경문의 제삼구에 낱낱 모든 상相이라 한

할 것이니,
『지도론』과 『유가론』 등의 논과 『열반경』과 『대집경』 등의 경과 같다.
아래 상해품相海品에 이르러 마땅히 인용하겠다.

鈔

若三十二相下는 第二에 引經及論하야 說三身相이니 唯語化身하고 而總指在餘니라 智論은 當三十二하고 瑜伽는 當四十九하고 涅槃은 當二十九니 經云호대 善男子야 若菩薩摩訶薩이 持戒不動하며 施心不移하며 安住實語하야 如須彌山하면 以是因緣으로 得足下平이 如奩底相하리라 若菩薩摩訶薩이 於父母所와 和尙師長과 乃至畜生에 以如法財로 供養供給하면 以是因緣으로 得成足下千輻輪相하리라 若菩薩摩訶薩이 不殺不盜하며 於父母師長에 常生歡喜하면 以是因緣으로 得成三相하리니 一者는 手指纖長이요 二는 足跟修長이요 三은 其身方直이라 若菩薩摩訶薩이 修四攝法하야 攝取衆生하면 以是因緣으로 得網縵指가 如白鵝王하리라 若菩薩摩訶薩이 父母師長이 若病苦時에 以手洗拭하고 捉持案摩하면 以是因緣으로 得手足柔軟하리라 若菩薩摩訶薩이 持戒聞法하며 惠施無厭하면 以是因緣으로 得節踝腨滿하며 身毛上靡하리라 若菩薩摩訶薩이 以專心聽法하며 演說正教하면 以是因緣으로 得鹿王腨하리라 若菩薩摩訶薩이 於諸衆生에 不生害心하며 飮食知足하며 常樂惠施하며 瞻病施藥하면 以是

것을 인용한 것이다.

因緣으로 其身圓滿하야 如尼拘陀樹하며 立手過膝하며 頂有肉髻하며 無見頂相하리라 若菩薩摩訶薩이 見怖畏者어든 爲作救護하며 見裸露者어든 施與衣服하면 以是因緣으로 得陰藏相하리라 若菩薩摩訶薩이 親近智者하고 遠離愚人하며 善喜問答하며 掃飾行路하면 以是因緣으로 得皮膚細滑하며 身毛右旋하리라 若菩薩摩訶薩이 常以飮食과 衣服臥具와 醫藥香華와 燈明으로 施人하면 以是因緣으로 得身金色이며 常光照耀하리라 若菩薩摩訶薩이 行施之時에 所施之物을 能捨不悋하고 不觀福田과 及非福田하면 以是因緣으로 得七處平滿相하리라 若菩薩摩訶薩이 布施之時에 心不生疑하면 以是因緣으로 得柔軟聲相하리라 若菩薩摩訶薩이 如法求財하야 以用布施하면 以是因緣으로 得缺骨充滿하며 師子上身이며 臂肘㦬纖하리라 若菩薩摩訶薩이 遠離兩舌과 惡口恚恨하면 以是因緣으로 得四十齒가 白淨齊密하리라 若菩薩摩訶薩이 於諸衆生에 修大慈悲하면 以是因緣으로 得二牙相하리라 若菩薩摩訶薩이 常作是願호대 有來求者어든 隨意給與라하면 以是因緣으로 得師子頰하리라 若菩薩摩訶薩이 隨諸衆生의 所須之食하야 悉皆與之하면 以是因緣으로 得味中上味하리라 若菩薩摩訶薩이 自修十善하고 兼以化人하면 以是因緣으로 得廣長舌하리라 若菩薩摩訶薩이 不訟彼短하고 不謗正法하면 以是因緣으로 得梵音聲하리라 若菩薩摩訶薩이 見諸怨憎하고 生於慈心하면 以是因緣으로 得目睫紺色하리라 若菩薩摩訶薩이 不隱他德하고 稱揚其善하면 以是因緣으로 得白毫相하리라 善男子야 若菩薩摩訶薩이 修習如是三十二相의 業因緣時에 則得不退菩提之心하리라하니라

만약 삼십이상의 원인이라 한 아래는 제 두 번째 경과 그리고 논을 인용하여 삼신三身의 모습을 설한 것이니,

오직 화신[38]만 말하고 나머지는 거기에 있다고 다 지시하였다.

『지도론』은 삼십이권에[39] 해당하고, 『유가론』은 사십구권에 해당하고, 『열반경』은 이십구권에 해당하나니,

그 『열반경』에 말하기를 선남자야, 만약 보살마하살이 계戒를 가져 움직이지 아니하며, 보시하는 마음을 옮기지 아니하며, 진실한 말에 안주하여 수미산과 같이 하면 이 인연으로써 발아래가 평판함을 얻는[40] 것이 마치 경대[41] 밑의 모습과 같을 것이다.

만약 보살마하살이 부모의 처소와 화상과 스승과 내지 축생에게 법다운 재물로써 공양하고 공급하여 주면 이 인연[42]으로써 발아래가 천 개의 복륜輻輪의 모습과 같음을 얻을[43] 것이다.

---

38 화신은 삼십이상이다.
39 『지도론』은 삼십이권이라고 한 등은, 그러나 『지도론』은 다만 열거만 하고 해석은 없다. 바로 아래 『열반경』은 아래 인용한 바와 같으나 또한 해석한 바가 없다. 지금에는 마땅히 『유가론』을 의지하여 간략하게 인용하겠다. 다 『잡화기』의 말이다. 지금의 『유가론』을 의지하여 간략하게 인용하겠다고 한 것은 『잡화기』 主가 사기에서 인용하여 말하겠다는 뜻이다.
40 발아래가 평판(평이)함을 얻는다고 한 등은 곧 그 부처님이 머무는 과보이니, 그런 까닭으로 『유가론』 49권에 말하기를 발아래가 잘 편안하게 머무는 모습(相)을 감득한다 하였다.
41 匲은 경대 렴이다.
42 인연因緣은 업연業緣으로 된 본도 있다.
43 발아래가 천 개의 복륜의 모습을 얻는다고 한 것은 그 부처님이 가고 옴에 동전動轉하는 원인(바퀴)이 있는 까닭이니, 『유가론』 49권에 말하기를 저

만약 보살마하살이 죽이지도 않고 훔치지도 아니하며, 부모와 스승에게 항상 환희심을 내게 하면 이 인연으로써 세 가지 모습을 성취함을 얻을[44] 것이니

첫 번째는 손가락이 가늘고 길[45] 것이요,

두 번째는 발꿈치가 길 것이요,

세 번째는 그 몸이 방정方正하고 곧을 것이다.

만약 보살마하살이 사선법을 닦아 중생을 섭취하면 이 인연으로써 비단결 같은 막[46]이 있는 손가락을 얻는 것이 마치 흰 거위 왕과 같을 것이다.

만약 보살마하살이 부모와 스승이 혹 병으로 고통 받을 때에 손으로 씻겨[47] 주고 잡아 주고 지켜 주고[48] 어루만져 주면 이 인연으로써 손과 발이 부드러움을 얻을 것이다.

부모에게 가지가지로 공양하며 저 유정들의 고통에 가지가지로 구호하기에 가고 오는 등 동전의 업을 인유한 까닭으로 발아래 천 개의 복륜의 모습을 감득한다 하였다.

44 세 가지 모습을 성취함을 얻는다고 한 것은 살생하지 않는 등이 세 가지 원인이 되어 따로 세 가지 모습을 성취함을 말하는 것이 아니니, 그런 까닭으로 『유가론』 49권에 말하기를 모두 능히 발꿈치와 발등이 긴 모습을 감득한다 하였다. 이상은 다 『잡화기』의 말이다.

45 纖은 가늘다, 길다의 뜻이다.

46 비단결 같은 막(網縵)이라고 한 것은, 손바닥 가운데 작은 살결이 서로 펼쳐져 그물과 같은 것이라고 『잡화기』는 말한다.

47 拭은 씻을 식이다.

48 捉은 잡을 착이다. 持는 부지扶持니 도와준다는 뜻이다. 그리고 持는 지켜준다는 뜻이기도 하다.

만약 보살마하살이 계를 가지고 법문을 들으며 은혜롭게 보시하여 싫어함이 없으면 이 인연으로써 절과節踝가 살찌고 원만하며[49] 몸에 털이 위로 쏠림을 얻을 것이다.

만약 보살마하살이 오롯한 마음으로 법을 들으며 바른 가르침을 연설하면 이 인연으로써 사슴왕의 마음[50]과 같음을 얻을 것이다.

만약 보살마하살이 모든 중생에게 해치는 마음을 내지 아니하며, 음식을 만족한 줄 알며, 항상 즐겁고 은혜롭게 보시하며, 병든 사람을 보고 약을 공급하면 이 인연으로써 그 몸이 원만하여 니구타[51] 나무와 같을 것이며, 일어섬에 손이 무릎을 지날 것이며, 정수리에는 육계가 있을 것이며 정상頂相을 볼 수 없을 것이다.

만약 보살마하살이 두려워하는 사람을 보거든 구호하여 주며, 벗은 사람을 보거든 의복을 베풀어 주면 이 인연으로써 음장陰藏[52]의 모습을 얻을 것이다.

만약 보살마하살이 지혜로운 사람을 친히 가까이하고 어리석은

---

49 절과節踝가 살찌고 원만함을 얻는다고 한 것은, 그 부처님이 계를 수지하고 보시를 많이 하여 다른 사람에게 손해를 입히지 않고 평등하게 고르게 교화하는 까닭이다. 역시 『잡화기』의 말이다. 節은 뼈마디이다. 踝는 발뒤꿈치과이다. 앞에 발꿈치가 나왔기에 발뒤꿈치이다. 䐃은 살찔 용이다.

50 膞은 발음이 선先이니 장腸의 뜻이다. 장腸은 장심腸心이다. 腸은 마음 장이다. 『잡화기』의 말이다.

51 니구타는 여기서 말하면 마디가 없는 나무이니, 此方에 버드나무와 같다. 나무의 형상이 단직한 것은 용자권龍字卷 상권 12장 하단에 설한 바와 같다. 역시 『잡화기』의 말이다. 이 나무는 장대한 교목喬木이다.

52 음장이란, 남근이 숨어 감추어져 있는 것을 말한다.

사람을 멀리 여의며, 문問·답答하기를 좋아하고 기뻐하며, 다니는 길을 쓸고 고치면 이 인연으로써 피부가 세밀하고 미끄러우며,[53] 몸에 털이 오른쪽으로 선회함을 얻을[54] 것이다.

만약 보살마하살이 항상 음식과 의복과 와구臥具와 의약과 향과 꽃과 등불로써 사람에게 보시하면 이 인연으로써 온몸이 황금색이며 상광常光이 비침을 얻을 것이다.

만약 보살마하살이 보시를 행할 때에 보시할 바 물건을 능히 희사하되 아끼지 않고 복전福田과 그리고 비복전非福田을 가려 보지 아니하면 이 인연으로써 칠처七處가 평만한 모습[55]을 얻을 것이다.

만약 보살마하살이 보시할 때에 마음에 의심을 내지 않는다면 이 인연으로써 부드러운 음성의 모습을 얻을 것이다.

만약 보살마하살이 여법하게 재물을 구하여 보시하면 이 인연으로써

---

53 피부가 세밀하고 미끄럽다고 한 것은, 『유가론』에 말하기를 피부가 세밀하고 미끄러운 까닭으로 먼지가 붙지 않는다 하였으니, 어리석은 사람을 멀리 여의는 등이 다 이 먼지를 떨어 깨끗이 하는 까닭이다. 역시 『잡화기』의 말이다.

54 몸에 털이 오른쪽으로 선회함을 얻는다고 한 것은, 『유가론』에 말하기를 객진번뇌를 제거한 까닭으로 얻는다 한 것이다 하였다. 역시 『잡화기』의 말이다.

55 칠처七處가 평만한 모습이라고 한 것은, 양손과 양발과 양어깨와 그리고 목이니 용자권龍字卷과 그리고 『유가론』에 다 이와 같이 설하였다. 『유가론』에 말하기를 가장 맛있는(上妙) 음식으로 대중에게 보시하여 다 하여금 충족케 한 까닭으로 이 칠처가 만족한 모습을 얻는다 하였다. 역시 『잡화기』의 말이다.

결골缺骨이 충만하며, 사자의 상반신[56]이며, 팔꿈치가 살찌고 고운 모습을 얻을 것이다.

만약 보살마하살이 양설兩舌과 악구惡口와 성내어 한탄함을 멀리 여의면 이 인연으로써 사십 개의 이[57]가 희고 깨끗하고 가지런하고 조밀함을 얻을 것이다.

만약 보살마하살이 모든 중생에게 큰 자비를 닦게 하면 이 인연으로써 두 어금니가 희고 큰 모습을 얻을[58] 것이다.

만약 보살마하살이 항상 이와 같은 서원을 짓되 와서 구하는 사람이 있거든 그들의 뜻을 따라 공급하여 줄 것이라 하면 이 인연으로써 사자의 볼과 같은 모습을 얻을 것이다.

만약 보살마하살이 모든 중생이 수구하는 바의 음식을 따라서 다 공급하여 주면 이 인연으로써 맛 가운데 최상의 맛[59]을 보는 모습을

---

[56] 사자의 상반신이라고 한 것은, 『유가론』에 말하기를 능히 보살이 상수가 되었지만 조반助伴을 하고 아만을 떠나 모든 사납고 스러움이 없어 능히 유정을 위하여 이익이 없는 것은 막아 그치고 이익이 있는 것만 안립하는 까닭으로 그 몸을 감득함에 상반신이 사자와 같다 하였다. 역시 『잡화기』의 말이다.

[57] 사십 개의 이라고 한 것은, 『유가론』에 말하기를 일체 친우를 파괴하고 이간질하는 말(兩說-위에 파괴는 惡口)을 떠나는 까닭으로 얻는 것이다 하였다. 희고 깨끗하다고 한 등은, 『유가론』에 말하기를 욕계의 자비를 닦은 까닭으로 얻는 것이다 하였다. 역시 『잡화기』의 말이다.

[58] 두 어금니가 희고 큰 모습을 얻는다고 한 것은, 어금니는 능히 결정하기 어려운 물건을 끊고, 자비는 능히 뽑기 어려운 고통에서 뽑아주는 것이다. 강사가 말하기를 어금니는 이 사람들의 보호하여 아끼는 바이고, 자비는 이 행의 최고가 되는 까닭이다 하였다. 역시 『잡화기』의 말이다.

얻을 것이다.

만약 보살마하살이 스스로 십선을 닦고 겸하여 사람을 교화하면 이 인연으로 넓고 긴 혀의 모습을 얻을 것이다.

만약 보살마하살이 저들의 단점을 시비하지 않고 정법을 비방하지 아니하면 이 인연으로써 맑은 음성을 얻을 것이다.

만약 보살마하살이 모든 원수들이 미워함을 보고도 자비한 마음을 내면 이 인연으로써 눈썹이 감청색인[60] 모습을 얻을 것이다.

만약 보살마하살이 다른 사람의 덕을 숨기지 않고 그 사람의 선함을 칭양하면 이 인연으로써 백호의 모습을 얻을 것이다.

선남자야, 만약 보살마하살이 이와 같이 삼십이상의 업의 인연을 닦아 익힐 때에 곧 보리에 물러나지 않는 마음을 얻을 것이다 하였다.

---

59 원문에 상미上味는, 상미천上味泉이다.
60 睫은 속눈썹 첩이다. 紺은 감색 감이다.

> 經

世尊往昔修行時에　　普詣一切如來所하사
種種修治無懈倦하시니　如是方便雲音入이니다

佛於一切十方中에　　寂然不動無來去시나
應化衆生悉令見케하시니　此是髻輪之所知이니다

如來境界無邊量하야　　一切衆生不能了어늘
妙音演說遍十方케하시니　此善旋神所行處이니다

世尊光明無有盡하사　　充遍法界不思議하야
說法敎化度衆生하시니　此淨香神所觀見이니다

세존이 지나간 옛날 수행하실 때에
널리 일체 여래의 처소에 나아가
가지가지 방편으로 닦아 다스리되 게으름이 없이 하셨으니
이와 같은 방편은 해조운음 주수신이 들어갔습니다.

부처님이 일체 시방 가운데
적연히 움직이지 않아 오고 감이 없으시지만
응당 중생을 교화하여 다 하여금 보게 하시니
이것은 묘색계륜[61] 주수신이 아는 바입니다.

여래의 경계는 끝도 한량도 없어서
일체중생이 능히 알 수가 없거늘
묘한 음성으로 연설하여 시방에 두루하게 하시니
이것은 선교선복 주수신이 행한 바 처소입니다.

세존의 광명은 끝이 없어
법계에 충변充遍하길 사의할 수 없이 하여
법을 설하여 중생을 교화하여 제도하시니
이것은 정향적 주수신이 관찰하여 본 바입니다.

疏

第五偈에 初言無盡은 以顯光常이요 次充法界는 以辯光遍이요 不思議者는 以顯光深이니 非色現色하며 非靑黃而靑黃故라 其 第三句는 是顯光用이라 餘八은 可知라

제 다섯 번째 게송에 처음에 끝이 없다고 말한 것은 광명이 영원함을 나타낸 것이요,
다음에 법계에 충변하다고 한 것은 광명이 두루함을 분별한 것이요,
사의할 수 없다고 한 것은 광명이 깊음을 나타낸 것이니,
색이 아니지만 색을 나타내며 푸른 것도 누른 것도 아니지만 푸르고 누른 까닭이다.

---

61 계륜髻輪은, 장행문에 윤계輪髻라 하였다.

그제 세 번째 구절은 이것은 광명의 작용을 나타낸 것이다. 나머지 여덟 게송은 가히 알 수가 있을 것이다.[62]

---

62 나머지 여덟 게송은 가히 알 수 있을 것이라고 한 것은, 열 게송 가운데 처음 게송과 제 다섯 번째 게송만 소문에서 해석하였기에 나머지 여덟 게송은 해석하지 않아도 가히 알 수 있을 것이라는 것이다.

> 經

如來淸淨等虛空하사 無相無形遍十方하야
而令衆會靡不見케하시니 此福光神善觀察이니다

佛昔修習大悲門하사대 其心廣遍等衆生일새
是故如雲現於世하시니 此解脫門知足了이니다

十方所有諸國土에 悉見如來坐於座하사
朗然開悟大菩提하나니 如是喜音之所入이니다

如來所行無罣礙하사 遍往十方一切刹하야
處處示現大神通하시니 普現威光已能悟이니다

修習無邊方便行하야 等衆生界悉充滿케호대
神通妙用靡暫停하시니 吼聲遍海斯能入이니다

여래는 청정하기가 허공과 같아서
형상도 없고 형체도 없지만 시방에 두루하여
모인 대중으로 하여금 보지 아니함이 없게 하시니
이것은 복교광음 주수신이 잘 관찰하였습니다.

부처님이 옛날에 대비문을 닦아 익히시되
그 마음 넓고 두루하게 하시기를 중생 수와 같이 하시기에
이런 까닭으로 구름같이 세간에 나타나시니
이 해탈문은 지족자재 주수신이 아는 바입니다.

시방에 있는 바 모든 국토에
다 여래가 자리에 앉아서
밝게 큰 보리를 열어 깨달으심을 보나니
이와 같은 것은 정희선음 주수신이 들어간 바입니다.

여래의 행하는 바는 걸림이 없어서
시방의 일체 국토에 두루 가서
곳곳에 대신통을 시현하시니
보현위광 주수신이 이미 능히 깨달았습니다.

끝없는 방편의 행을 닦아 익혀
중생의 세계와 같이 다 충만케 하시되
신통묘용이 잠시도 머물지 않으시니
후성변해 주수신이 이에 능히 들어갔습니다.

經

復次 出現寶光主海神은 得以等心으로 施一切衆生에 福德海하고 衆寶莊嚴身하는 解脫門하며

다시 출현보광 주해신은[63] 평등한 마음으로써 일체중생에게 복덕의 바다를 보시하고 수많은 보배로 몸을 장엄하는 해탈문을 얻었으며,

疏

第八은 主海神이니 十法이라 頌脫第三이라 一은 爲物供佛이 是等施福德하고 衆寶相으로 以莊嚴身이라

제 여덟 번째는 주해신이니
십법이 있다.
게송에는 제 세 번째가 빠졌다.
첫 번째는 중생을 위하여 부처님께 공양하는 것이 이것이 평등한 마음으로 복덕을 보시하고
수많은 보해의 모습으로 몸을 장엄하는 것이다.

---

[63] 출현보광 주해신 이하는 제 세 번째 무위역행에 속한다.

經

不可壞金剛幢主海神은 得巧方便으로 守護一切衆生善根하는 解脫門하며

불가괴금강당 주해신은 선교방편으로 일체중생의 선근을 수호하는 해탈문을 얻었으며,

疏

二는 巧隨根欲하야 說法護善하야 使其長成이라

두 번째는 선교방편으로 근성과 욕망을 따라
법을 설하여 선근을 수호하여
그들로 하여금 장성長成하게 하는 것이다.

經

不雜塵垢主海神은 得能竭一切衆生의 煩惱海하는 解脫門하며

부잡진구 주해신은 능히 일체중생의 번뇌의 바다를 녹여 다하는 해탈문을 얻었으며,

疏

三은 謂演深廣法하야 體煩惱空이라 梵本偈云호대 一切世間衆導師의 法雲大雨不可測하야 消竭無窮諸苦海하시니 此離垢塵入法門이니다하니 若準此文인댄 乃竭苦海라하리라

세 번째는 말하자면 깊고 광대한 법을 연설하여 번뇌가 공함을 체달하는 것이다.
범본의 게송에 말하기를,
일체 세간에 수많은 도사의
법의 구름 큰비는 가히 측량할 수 없어서
끝없는 모든 고통의 바다를 녹여 다하시니
이것은 이구진 주해신이 이 법문에 들어갔습니다 하였으니,
만약 이 문장을 기준한다면[64] 이에 고통의 바다를 녹여 다한다고 해야 할 것이다.

---

[64] 만약 이 문장을 기준한다고 한 아래는, 경문에 번뇌해煩惱海라고 한 것은 고해苦海라고 해야 한다는 것이다.

經

恒住波浪主海神은 得令一切衆生으로 離惡道케하는 解脫門하며

항주파랑 주해신은 일체중생으로 하여금 악도에서 떠나게 하는 해탈문을 얻었으며,

疏

四는 若見佛境인댄 則惑亡苦息이라 準現經文인댄 三은 是煩惱요 四는 是於苦어니와 若依梵本인댄 前苦後惑이니 旣譯人脫漏하야 致使文義參差니라 故古德云호대 脫第四頌이라하나 結名은 旣同일새 故知脫第三이니라 恒住波浪者는 卽是普用水로 爲宮殿이라

네 번째는 만약 부처님의 경계를 본다면 곧 번뇌(惑)가 없어지고 고통이 쉬게 되는 것이다.
현재 경문을 기준한다면[65] 세 번째는 이 번뇌이고 네 번째는 이

---

65 현재 경문을 기준한다고 한 등은, 말하자면 현재 경의 장행문을 기준다면 곧 세 가지 번뇌와 네 가지 고통이 있거니와, 만약 범본의 게송문을 의지한다면 곧 도리어 세 가지 고통과 네 가지 번뇌가 있나니, 이미 번역한 사람이 그 일체세간중도사一切世間衆導師라 한 등의 제 세 번째 일단一段의 게송문을 탈루하여 문장의 뜻으로 하여금 뒤섞이게 하였다. 그런 까닭으로 고덕이 이미 범본 게송의 세 가지 고통과 네 가지 번뇌의 차례를 보지 못하고, 다만 지금 장행문에 세 가지 번뇌와 네 가지 고통의 차례만 안찰한 까닭으로 드디어 지금에 제 네 번째 일체중생번뇌복一切衆生煩惱覆이라 한 게송으로

고통이거니와, 만약 범본을 의지한다면 앞의 세 번째가 고통이고 뒤에 네 번째가 번뇌(惑)이니,

이미 번역한 사람이 빠뜨려(脫漏) 문장의 뜻으로 하여금 섞임을 이루었다.

그런 까닭으로 고덕古德이 말하기를 제 네 번째 게송이 빠졌다고 하였으나, 이름을 맺은 것은 이미 같기에 그런 까닭으로 제 세 번째가 빠진 줄 알 것이다.

항주파랑恒住波浪이라고 한 것은 곧 이것은 널리 물로써 궁전을 삼는[66] 것이다.

제 세 번째 일체세간중도사라는 게송을 삼고, 도리어 말하기를 제 네 번째 게송이 탈루되어 있다 하였다.

소주의 뜻인즉, 곧 이미 탈루한 바 게송의 이름을 맺은 것은 지금 제 세 번째 장행문의 이름으로 더불어 서로 같고, 있는 바 게송의 이름을 맺는 것은 여기 제 네 번째 장행문의 이름으로 더불어 서로 같다면 곧 제 세 번째가 탈루된 것이고, 제 네 번째가 탈루된 것이 아닌 줄 분명히 알아야 한다는 것이다.

이것은 곧 제 삼단의 게송은 고통을 떠나는 것(다하는 것-竭)을 밝혔거늘 장행문에는 번뇌가 다한다고 말한 것은 과보가 없어지는 것이 반드시 원인이 다함을 인유하는 까닭이고, 제 사단의 게송은 번뇌를 떠나는 것을 말하였거늘 장행문에는 고통이 쉬는 것을 나타낸 것은 원인이 다하면 자연히 과보도 없어지는 까닭이다. 이상은 다『잡화기』의 말이나 이해를 돕기 위하여 가끔 말을 더 넣어 해석하였다.

66 이것은 널리 물로써 궁전을 삼는 것이라고 한 것은, 게송에 보수궁寶水宮이라 한 말을 그윽이 인용하고 있다 하겠다. 영인본 화엄 3책, p.143, 3행에 있다.

㊕ 經

吉祥寶月主海神은 得普滅大癡暗하는 解脫門하며

길상보월 주해신은 널리 큰 어리석음의 어둠을 멸제하는 해탈문을 얻었으며,

㊕ 疏

五는 以智滅癡라

다섯 번째는 지혜로써 어리석음을 멸제하는 것이다.

經

妙華龍髻主海神은 得滅一切諸趣苦하고 與安樂하는 解脫門하며

묘화용계 주해신은 일체 제취諸趣들의 고통을 멸제하고 안락을 주는 해탈문을 얻었으며,

疏

六은 爲行所遷이 一切皆苦어니와 菩提因起하면 則生滅苦亡하고 便得涅槃의 寂滅安樂하리라

여섯 번째는 한 걸음 옮기는[67] 곳이 일체가 다 고통이거니와, 보리의 인연을 일으키면 곧 생멸의 고통은 사라지고 문득 열반의 적멸한 안락을 얻는 것이다.

---

67 원문에 위행爲行이라고 한 행행은 행보行步, 행동行動이라는 뜻이 있다. 즉 한 걸음 행동으로 옮기는 곳이라는 것이다.

經

普持光味主海神은 得淨治一切衆生의 諸見愚癡性하는 解脫門하며

보지광미 주해신은 일체중생의 모든 소견과 어리석음의 성품을 맑게 다스리는 해탈문을 얻었으며,

疏

七은 將智滅癡인댄 未免於見거니와 了癡見性인댄 癡見自亡이라 眞妄等觀이 是佛境也라

일곱 번째는 지혜를 가져 어리석음을 멸제하려 하면 모든 소견을 면할 수 없거니와, 어리석음을 요달하여 성품을 보면 어리석음의 소견이 스스로 없어지는 것이다.
진실과 허망을 똑같이 관찰하는 것이 이 부처님의 경계이다.

經

寶焰華光主海神은 得出生一切寶種性인 菩提心하는 解脫門하며

보염화광 주해신은 일체 보배의 종성인[68] 보리의 마음을 출생[69]하는 해탈문을 얻었으며,

疏

八은 一切衆生이 有佛種性하야 圓明可貴하며 具德稱寶요 佛眼普觀하고 佛智普示하야 正因令顯을 如出金藏이요 大心若起하면 如種生芽일새 故云出生이라하니 緣了二因이 爲能悟之妙道니라

여덟 번째는 일체중생이 부처의 종성이 있어서 원만하게 밝고 가히

---

68 종성인이란, 『잡화기』는 종성과 토이니 참고할 것이다.
69 출생이라고 한 등은, 보배의 종성을 출생한다고 한 것은 곧 이것은 요인了因이 정인正因이 되는 뜻을 나타낸 것이니 요인은 능히 출생하는 것이 되고, 보배의 종성은 출생할 바 정인이 되는 것이다.
보리의 마음을 출생한다고 한 것은, 곧 이것은 연인緣因이 생인生因이 되는 뜻을 생기한 것이니 연인은 능히 생기하는 것이 되고, 보리심은 생기할 바 생인이 되는 것이다. 장행문에 정인으로 생기함을 거론하고 게송에 연인으로 행함을 거론한 것은 경문이 그윽이 생략되었을 뿐인 까닭이다.
이 가운데 이미 보리심으로써 생인을 삼았다면 곧 다른 곳에서 앞에 오도五度로써 생인을 삼은 것과는 같지 않은 것이다. 역시 『잡화기』의 말이다.

존귀하며 덕을 갖춘 것을 보배라 이름하는 것이요,
부처님의 눈으로 널리 보고 부처님의 지혜로 널리 시현하여 정인正因이 하여금 나타나게 하는 것을 마치 황금 창고에서 황금이 나오게 하는 것과 같이 하는 것이요,
대심大心을 만약 일으키면 마치 종자가 싹을 내는 것과 같기에 그런 까닭으로 말하기를 출생이라 하였으니,
연인緣因과 요인了因의 두 가지 인연(因)이 능히 깨달을 묘한 도道가 되는 것이다.

正因令顯을 如出金藏은 卽涅槃經의 如貧女家中에 寶藏之喩라

정인이 하여금 나타나게 하는 것을 마치 황금의 창고에서 황금을 나오게 하는 것과 같이 한다고 한 것은, 곧 『열반경』에 가난한 여인의 집 가운데 보배창고의 비유[70]와 같다.

---

70 『열반경』에 가난한 여인의 집 가운데 보배창고의 비유라고 한 것은 『대반열반경』 31권 가섭보살품 제24의 1이니, 구체적으로 말하면 선남자야 내가 또다시 말하나니 중생의 불성이 비유하자면 가난한 여인의 집 가운데 보배창고와 금강역사의 이마 위에 금강 보배구슬과 전륜성왕의 감로甘露의 샘과 같다 하였다. 단 가家 자가 택宅 자로 되어 있는 것만 다를 뿐이다.

⊙ 經

金剛妙髻主海神은 得不動心功德海의 解脫門하며

금강묘계 주해신은 움직이지 않는 마음에 공덕 바다의 해탈문을 얻었으며,

⊙ 疏

九는 了如不取하면 則心不搖動이요 湛如停海하면 萬德攸歸니 故로 須彌可傾이언정 魔豈能嬈리요 一念降魔는 如本行集하니라

아홉 번째는 여여한 줄 요달하여 취착하지 아니하면 곧 마음이 요동하지 않을 것이요,
담담하기가 파도가 쉰 바다와 같으면 만덕이 돌아갈 바이니, 그런 까닭으로 수미산을 마군이 가히 경동傾動하게 할지언정 마군이 어찌 능히 나를 번거롭게 하겠는가.
한 생각에 마군을 항복받는 것은 『불본행집경』과 같다.

⊙ 鈔

了如不取하면 則心不搖動者는 金剛經云호대 不取於相하고 如如不動이라하니라 須彌可傾이언정 魔豈能嬈者는 卽高僧傳中에 慧嵬禪師之事이니 雲林修定할재 有一惡鬼하야 而現其前하야 有身無首로

令禪師懼거늘 公이 安然不懼하고 而慰之言호대 喜汝無頭痛之患이
로다 次現無腹之鬼어늘 復云호대 喜汝無五臟之憂로다 如是隨來隨
遣하니 竟不能惑하니라 魔又化爲天女云호대 天帝令我로 以備掃灑
려이다 公曰호대 我心如地하야 難可傾動이니 無以革囊으로 見試하라
天女가 乃騰雲而去하며 讚曰호대 大海可竭하고 須彌可傾이언정 彼
上人者는 執志堅眞이라하니 今用一句나 義意全同하니라

여여한 줄 요달하여 취착하지 아니하면 곧 마음이 동요하지 않을[71]
것이라 한 것은, 『금강경』에 말하기를 상相에 취착하지 않고 여여하
게 동요하지 않는다 하였다.

수미산을 마군이 가히 경동하게 할지언정 마군이 어찌 능히 나를
번거롭게 하겠는가 한 것은 곧 『고승전高僧傳』 가운데 혜외慧嵬선사
의 사적이니,
운림雲林에서 선정을 닦을 때에 한 악귀惡鬼가 있어서 그 선사 앞에
나타나 몸은 있고 머리가 없는 모습으로 선사로 하여금 두렵게
하거늘, 선사(公)가 편안히 두려워하지 않고 그 귀신을 위로하여
말하기를 그대는 두통에 대한 근심이 없어서 좋겠소이다.
다음에는 배가 없는 귀신으로 나타나거늘, 다시 말하기를 그대는
오장五藏에 대한 근심이 없어서 좋겠소이다.
이와 같이 따라옴에 따라 보내니 마침내 능히 현혹하지 못하였다.

---

71 원문에 심절동요心絶動搖는, 소문에 심불요동心不搖動으로 되어 있어 고쳤다.

귀신이 또 천녀天女로 화현하여 말하기를 천제天帝께서 저로 하여금 항상 대비하여 시봉하라[72] 하였습니다.

선사가 말하기를 나의 마음은 대지와 같아서 가히 경동하게 하기 어려울 것이니 더러운 몸(革囊)[73]으로 시험해 보려 하지 마라.

천녀가 이에 구름을 타고 떠나가면서 찬탄하여 말하기를 대해를 가히 말려 다하고 수미산을 가히 경동하게 할지언정, 저 선사(上人)는 뜻을 잡아 진실[74]을 굳게 지킬 것이라 하였으니,

지금에는 한 구절[75]만 인용하였으나 뜻은 온전히 같다 하겠다.

---

72 원문에 비備는 대비待備이고, 소쇄掃灑는 청소하고 물을 뿌리는 것이니, 곧 시봉侍奉하는 것이다.
73 원문에 혁낭革囊은, 가죽 주머니라는 뜻이니, 우리의 육체를 말한다. 그 가죽 주머니 안에는 오장육부의 더러운 것이 다 들어 있기에 더러운 몸이라 한다.
74 진眞 자는 속장경, 『금강경』에는 정貞 자이니, 정조의 의미이다.
75 한 구절이라고 한 것은, 수미산을 가히 경동하게 한다 한 것이다.

經

海潮雷音主海神은 得普入法界三昧門하는 解脫門하니라

해조뇌음 주해신은 널리 법계의 삼매문에 들어가는 해탈문을 얻었습니다.

疏

十은 入法界定하야 如法界遍이라

열 번째는 법계의 삼매(定)에 들어가서
법계와 같이 두루하는 것이다.

> 經

爾時에 出現寶光主海神이 承佛威力하야 普觀一切主海神衆하고 而說頌言호대

그때 출현보광 주해신이 부처님의 위신력을 받아 널리 일체 주해신의 대중을 관찰하고 게송을 설하여 말하기를,

> 疏

偈文은 可知라

게송의 문장은
가히 알 수가 있을 것이다.

經

不可思議大劫海에　　供養一切諸如來하시고
普以功德施群生일새　　是故端嚴最無比이니다

一切世間皆出現하사　　衆生根欲靡不知하야
普爲弘宣大法海하시니　此是堅幢所欣悟이니다

一切世間衆導師의　　法雲大雨不可測하사
消竭無窮諸苦海하시니　此離垢塵入法門이니다

一切衆生煩惱覆하야　　流轉諸趣受衆苦어늘
爲其開示如來境하시니　普水宮神入此門이니다

佛於難思劫海中에　　修行諸行無有盡하사
永截衆生癡惑網하시니　寶月於此能明入이니다

佛見衆生常恐怖하야　　流轉生死大海中하시고
示彼如來無上道하시니　龍髻悟解生欣悅이니다

諸佛境界不思議하사　　法界虛空平等相일새
能淨衆生癡惑網케하시니　如是持味能宣說이니다

佛眼淸淨不思議하사　一切境界悉該覽하야
普示衆生諸妙道하시니　此是華光心所悟이니다

魔軍廣大無央數나　一刹那中悉摧滅하야
心無傾動難測量이니　金剛妙髻之方便이니다

普於十方演妙音하시니　其音法界靡不周는
此是如來三昧境이니　海潮音神所行處이니다

가히 사의할 수 없는 큰 세월의 바다에서
일체 모든 여래에게 공양하시고
널리 그 공덕으로써 중생에게 보시하셨기에
이런 까닭으로 단엄함이 최고로 비교할 데가 없습니다.

일체 세간에 다 출현하여
중생의 근성과 욕망을 알지 못함이 없어서
널리 그들을 위하여 큰 법의 바다를 넓게 선설하셨으니
이것은 불가괴견당[76] 주해신이 기쁜 마음으로 깨달은 바입니다.

일체 세간에 수많은 도사의

---

[76] 여기에 견당은, 장행문에 불가괴금강당不可壞金剛幢이라 하였으니, 견당의 견堅 자는 장행문에 금강金剛을 말한다.

진리 구름 큰비는 가히 측량할 수 없어서
끝없는 모든 고통의 바다를 녹여 다하시니
이것은 이구진[77] 주해신이 이 법문에 들어갔습니다.

일체중생이 번뇌에 덮여
제취諸趣에 유전하여 수많은 고통을 받거늘
그들을 위하여 여래의 경계를 열어 보이시니
보수궁普水宮[78] 주해신이 이 법문에 들어갔습니다.

부처님이 사의하기 어려운 세월의 바다 가운데
모든 행을 닦되 끝이 없이 하여
영원히 중생의 의혹의 그물을 끊으셨나니,
길상보월 주해신이 이 법문에 능히 밝게 들어갔습니다.

부처님이 중생이 항상 두려워하여
생사의 큰 바다 가운데 유전함을 보시고
저들에게 여래의 더 이상 없는 도를 보이시니
묘화용계 주해신이 깨달아 알고 기뻐하는 마음을 내었습니다.

모든 부처님의 경계는 사의할 수 없어서
법계 허공으로 평등한 모습이기에

---

77 이구진離垢塵이라고 한 것은, 장행문에는 부잡진구不雜塵垢라 하였다.
78 보수궁普水宮이라 한 것은, 장행문에 항주파랑恒住波浪이라 하였다.

능히 중생의 어리석음과 망혹의 그물을 청정케 하시니
이와 같은 것은 보지광미 주해신이 능히 선설하였습니다.

부처님의 눈은 청정하기 사의할 수 없어서
일체 경계를 다 갖추어 보아
널리 중생에게 모든 묘한 도를 보이시니
이것은 이 보염화광 주해신이 마음에 깨달은 바입니다.

마군이 광대하여 그 수가 한이 없지만
한 찰나 가운데 다 꺾어 제멸하여
마음에 경동함이 없음을 측량하기 어렵나니
금강묘계 주해신의 방편입니다.

널리 시방에 묘음을 연설하시니
그 묘음이 법계에 두루하지 아니함이 없는 것은
이것은 이[79] 여래의 삼매 경계이니
해조뇌음 주해신이 행한 바 처소입니다.

---

[79] 원문에 차시此是는, 여시如是라고 한 곳도 있으나, 차시此是가 더 좋다 하겠다.

> 經

復次 普發迅流主河神은 得普雨無邊法雨하는 解脫門하며

다시 보발신류 주하신은[80] 널리 끝없는 진리의 비를 내리는 해탈문을 얻었으며,

> 疏

第九는 主河神이니 十法이라 一은 行成雨法은 若霈然洪霪이요 滅惑生德은 若懸河迅流하야 無所滯礙니라

제 아홉 번째는 주하신이니
십법이 있다.
첫 번째는 행이 성취되어 진리를 비 내리는 것은 마치 비가 쏟아져[81] 널리 적시는 것과 같고,
번뇌를 멸제하여 공덕을 생장하는 것은 마치 현하懸河가 신속하게 흘러 막히는 바가 없는 것과 같다.[82]

---

80 보발신류 주하신 이하는 제 두 번째 요익행에 속한다.
81 霈는 비 쏟아질 패이다.
82 현하가 신속하게 흘러 막히는 바가 없는 것과 같다고 한 것은, 이미 신속하게 흘러 막히는 바가 없다고 하였다면 곧 비록 작은 티끌이라도 그곳에 머무름을 얻을 수 없는 까닭으로 번뇌를 멸제한다 한 것이다. 역시 『잡화기』의 말이다. 현하懸河는 경사가 급하여 쏜살같이 흐르는 물이다.

㉣

普潔泉澗主河神은 得普現一切衆生前에 令永離煩惱케하는 解脫門하며

보결천간 주하신은 널리 일체중생 앞에 나타나서 하여금 번뇌를 영원히 떠나게 하는 해탈문을 얻었으며,

㉡

二는 現身息惱는 若泉澗洗心이라

두 번째는 몸을 중생 앞에 나타내어 번뇌를 쉬게 하는 것은 마치 천간수泉澗水로 마음을 씻는 것과 같다.

經

離塵淨眼主河神은 得以大悲方便으로 普滌一切衆生의 諸惑塵垢하는 解脫門하며

이진정안 주하신은 대비의 방편으로써 일체중생의 모든 미혹의 번뇌 때를 널리 씻어 주는 해탈문을 얻었으며,

疏

三은 眞實滌垢하야 慈智相資는 若碧沼澄潭에 空色交映이니 故名離塵淨眼이라

세 번째는 진실로 번뇌의 때를 씻어 자비와 지혜가 서로 도우는 것은 마치 푸른 소沼와 맑은 못에 공空·색色이 서로 비치는 것과 같나니,
그런 까닭으로 이름을 이진정안이라 한 것이다.

經

十方遍吼主河神은 得恒出饒益衆生音하는 解脫門하며

시방변후 주하신은 항상 중생을 요익케 하는 음성을 내는 해탈문을 얻었으며,

疏

四는 圓音遍益은 若崩浪發響이라

네 번째는 원만한 음성으로 두루 이익케 하는 것은 마치 산이 무너지고 파도가 침에 울리는 소리가 일어나는 것과 같다.

經

普救護衆生主河神은 得於一切含識中에 恒起無惱害慈하는 解脫門하며

보구호중생 주하신은 일체중생(含識) 가운데 항상 뇌롭고 해로움이 없게 하는 자비를 일으키는 해탈문을 얻었으며,

疏

五는 拯救漂溺이라

다섯 번째는 표류하거나 빠져 있는 중생을 건져 구호하는 것이다.

㊂

無熱淨光主河神은 得普示一切淸凉善根하는 解脫門하며

무열정광 주하신은 널리 일체 청량한 선근을 시현하는 해탈문을 얻었으며,

㊟

六은 善根無惑을 可謂淸凉이니 若阿耨達池에 永無熱惱니라

여섯 번째는 선근에 의혹이 없는 것을 가히 청량이라 말하나니, 마치 아뇩달지阿耨達池에는 영원히 열뇌熱惱가 없는 것과 같다.

> 經

普生歡喜主河神은 得修行具足施하야 令一切衆生으로 永離慳
著케하는 解脫門하며

보생환희 주하신은 구족한 보시를 수행하여 일체중생으로 하여금
영원히 간탐과 집착을 떠나게 하는 해탈문을 얻었으며,

> 疏

七은 施門無量하야 令彼無慳은 若蘊藻菱蓮이 普令物喜니라

일곱 번째는 보시의 문이 한량이 없어서 저 중생들로 하여금 간탐이
없게 하는 것은 마치 붕어마름꽃과 조류꽃과 마름꽃[83]과 연꽃이
널리 중생으로 하여금 기쁘게 하는 것과 같다.

---

83 원문에 온蘊은 붕어마름 온이니, 다년생多年生 수초水草이다.
  조藻는 조류 조이니, 은화식물인隱花植物인 수초이다.
  릉菱은 마름 릉이니, 마름꽃과에 속하는 수초이다.

經

廣德勝幢主河神은 得作一切歡喜福田하는 解脫門하며

광덕승당 주하신은 일체 환희의 복전을 짓는 해탈문을 얻었으며,

疏

八은 行福契實故로 見無不欣은 若深湖廣陂니 是爲廣德이라

여덟 번째는 복덕을 수행하여 진실에 계합한 까닭으로 보는 이가 기뻐하지 아니함이 없는 것은 마치 깊은 호수와 넓은 못과 같나니, 이것이 광덕[84]이 되는 것이다.

---

84 광덕이라고 한 것은, 아래 게송에는 무변공덕해無邊功德海라 하였다.

◯經

光照普世主河神은 得能令一切衆生으로 雜染者淸淨케하고 瞋毒者歡喜케하는 解脫門하며

광조보세 주하신은 능히 일체중생으로 하여금 뒤섞이어 오염된 사람은 청정케 하고 진심瞋心으로 표독한 사람은 환희케 하는 해탈문을 얻었으며,

◯疏

九는 方便慧力으로 雜染皆淨케하고 慈彼怨害하야 瞋反成歡은 若萬頃波澄에 光映天下니라

아홉 번째는 방편과 지혜의 힘으로 뒤섞이어 오염된 사람은 다 청정케 하고, 저 원수로 해치는 사람에게 자비를 내어 진심이 도리어 환희를 이루게 하는 것은 마치 만경萬頃의 바다에 파도가 맑아짐에 빛이 천하를 비추는 것과 같다.

經

海德光明主河神은 得能令一切衆生으로 入解脫海하야 恒受具足樂케하는 解脫門하니라

해덕광명 주하신은 능히 일체중생으로 하여금 해탈의 바다에 들어가서 항상 구족한 즐거움을 받게 하는 해탈문을 얻었습니다.

疏

十은 總收萬善하야 令會涅槃은 若彼百川이 咸會大海니 由智海故로 名海德光明이라

열 번째는 만 가지 선행을 모두 거두어 하여금 열반에 모이게 하는 것은 마치 저 백천의 물이 다 큰 바다에 모이는 것과 같나니, 지혜의 바다를 인유한 까닭으로 이름을 해덕광명이라 한 것이다.

◯經

爾時에 普發迅流主河神이 承佛威力하야 普觀一切主河神衆하고 而說頌言호대

그때 보발신류 주하신이 부처님의 위신력을 받아 널리 일체 주하신의 대중을 관찰하고 게송을 설하여 말하기를,

◯疏

偈亦可知라

게송은 또한 가히 알 수가 있을 것이다.

○ 經

如來往昔爲衆生하사　修治法海無邊行은
譬如霈澤淸炎暑하야　普滅衆生煩惱熱이니다

佛昔難宣無量劫에　以願光明淨世間케하시고
諸根熟者令悟道케하시니　此普潔神心所悟이니다

大悲方便等衆生하사　悉現其前常化誘하야
普使淨治煩惱垢하시니　淨眼見此深歡悅이니다

佛演妙音普使聞하사　衆生愛樂心歡喜케하며
悉使滌除無量苦케하시니　此遍吼神之解脫이니다

佛昔修習菩提行하고　爲利衆生無量劫할새
是故光明遍世間하시니　護神憶念生歡喜이니다

佛昔修行爲衆生하사　種種方便令成熟케하시며
普淨福海除衆苦하시니　無熱見此心欣慶이니다

施門廣大無窮盡일새　一切衆生咸利益호대
能令見者無慳著케하시니　此普喜神之所悟이니다

佛昔修行實方便하사　　成就無邊功德海하시고
能令見者靡不欣케하시니　此勝幢神心悟悅이니다

衆生有垢咸淨治하고　　一切怨害等生慈일새
故得光照滿虛空하시니　普世河神見歡喜이니다

佛是福田功德海일새　　能令一切離諸惡하시고
乃至成就大菩提케하시니　此海光神之解脫이니다

여래가 지나간 옛날에 중생을 위하여
진리의 바다에 끝없는 행을 닦아 다스린 것은
비유하자면 비가 쏟아져 더움에서 청량케 함과 같아서
널리 중생의 번뇌의 더움을 제멸케 하기 위한 것입니다.

부처님이 옛날 선설하기 어려운 한량없는 세월에
서원의 광명으로써 세간을 청정케 하시고
모든 근기가 성숙한 사람으로 하여금 도를 깨닫게 하시니
이것은 보결천간 주하신이 마음에 깨달은 바입니다.

대비의 방편이 중생과 같아서
다 그들 앞에 나타나 항상 교화하고 달래어
널리 하여금 번뇌의 때를 맑게 다스리시니
이진정안 주하신이 이것을 보고 깊이 기뻐하였습니다.

부처님이 묘음으로 연설하여 널리 하여금 듣게 하여
중생이 좋아하고 즐거워하여 마음을 환희케 하시며
다 하여금 한량없는 고통을 씻어 제멸케 하시니
이것은 시방변후 주하신의 해탈입니다.

부처님이 옛날에 보리의 행을 닦아 익히고
중생을 이익케 하기를 한량없는 세월토록 하였기에
이런 까닭으로 광명이 세간에 두루하시니
보구호중생 주하신이 기억하고 생각하여 환희를 내었습니다.

부처님이 옛날에 중생을 위하여 수행하여
가지가지 방편으로 하여금 성숙케 하시며
널리 청정한 복덕의 바다로 중생의 고통을 제멸하시니
무열정광 주하신이 이것을 보고 마음에 기뻐하고 경사하였습니다.

보시의 문이 광대하여 끝이 없기에
일체중생을 다 이익케 하되
능히 보는 사람으로 하여금 아끼거나 집착함이 없게 하시니
이것은 보생환희 주하신이 깨달은 바입니다.

부처님이 옛날에 진실한 방편을 수행하여
끝없는 공덕의 바다를 성취하시고
능히 보는 사람으로 하여금 기쁘지 아니함이 없게 하시니

이것은 광덕승당 주하신이 마음에 깨달아 기뻐하였습니다.

중생이 때가 있음에 다 청정하게 다스리고
일체 원수가 해침에 똑같이 자비를 내기에
그런 까닭으로 광명의 비침이 허공에 가득함을 얻으시니
광조보세 주하신이 이것을 보고 환희하였습니다.

부처님은 이 복전의 공덕 바다이기에
능히 일체로 하여금 모든 악을 버리게 하시고
내지 대보리를 성취케 하시니
이것은 해덕광명 주하신의 해탈입니다.

> 經

復次 柔軟勝味主稼神은 **得與一切衆生法滋味**하야 **令成就佛身**케하는 **解脫門**하며

다시 유연승미 주가신은[85] 일체중생에게 진리의 자미滋味를 주어서 하여금 부처님의 몸을 성취케 하는 해탈문을 얻었으며,

> 疏

第十은 **主稼神**이니 **十法**이라 一은 **功德智慧**의 **二種法味**로 **資成佛身**이라

제 열 번째는 주가신이니
십법이 있다.
첫 번째는 공덕과 지혜의 두 가지 진리의 맛으로 도와 부처님의 몸을 성취케 하는 것이다.

---

85 유연승미 주가신 이하는 첫 번째 환희행에 속한다.

經

時華淨光主稼神은 得能令一切衆生으로 受廣大喜樂케하는 解脫門하며

시화정광 주가신은 능히 일체중생으로 하여금 광대한 기쁨과 즐거움을 받게 하는 해탈문을 얻었으며,

疏

二는 喜樂은 由於苦除니라

두 번째는 기쁨과 즐거움은 고통을 제멸함에 인유한 것이다.

經

色力勇健主稼神은 得以一切圓滿法門으로 淨諸境界케하는 解脫門하며

색력용건 주가신은 일체 원만한 법문으로써 모든 경계[86]를 청정케 하는 해탈문을 얻었으며,

疏

三은 衆生은 爲所淨之境이라

세 번째는 중생은 청정하게 해야 할 바 경계가 되는 것이다.

---

86 모든 경계란, 중생이다.

> 經

增益精氣主稼神은 得見佛大悲와 無量神通變化力하는 解脫門하며

증익정기 주가신은 부처님의 대비와 한량없는 신통변화의 힘을 보는 해탈문을 얻었으며,

> 疏

四는 悲深故로 通廣이라

네 번째는 대비가 깊은 까닭으로 신통도 넓은[87] 것이다.

---

[87] 깊다고 한 것은 종縱이고, 넓다고 한 것은 횡橫이다.

> 經

普生根果主稼神은 得普現佛福田하야 令下種無失壞케하는 解脫門하며

보생근과 주가신은 널리 부처님의 복전을 나타내어 하여금 종자를 내리면 손실이 나거나 괴멸함이 없게 하는 해탈문을 얻었으며,

> 疏

五는 下種佛田하면 必至果無壞니라

다섯 번째는 종자를 부처님의 복전에 내리면 반드시 깨달음의 과보에 이르러 손괴함이 없을 것이다.

經

妙嚴環髻主稼神은 得普發衆生에 淨信華케하는 解脫門하며

묘엄환계 주가신은 널리 중생에게 청정한 믿음의 꽃을 발생하게 하는 해탈문을 얻었으며,

疏

六은 智敷物信하야 獲果稱華니라

여섯 번째는 지혜로 중생에게 믿음의 꽃을 펴서 깨달음의 과보가 믿음의 꽃에 칭합함을 얻게 하는 것이다.

ⓔ

潤澤淨華主稼神은 得大慈愍으로 濟諸衆生하야 令增長福德海
케하는 解脫門하며

윤택정화 주가신은 큰 자비의 어여삐 여기는 마음으로 모든 중생을
제도하여 하여금 복덕의 바다를 증장케 하는 해탈문을 얻었으며,

ⓢ

七은 慈眼視物일새 故福聚無量이라 慈則恬和怡悅이니 偈云호대
勝道라하니라

일곱 번째는 자비의 눈으로 중생을 보기에 그런 까닭으로 복덕의
뭉치가 한량이 없는 것이다.
자비는 곧 편안[88]하여 화평하게 하고 기쁘게 하는 것이니,
게송에 말하기를 최승의 도라고 하였다.

---

88 恬은 편안 염(념)이다.

經

成就妙香主稼神은 得廣開示一切行法하는 解脫門하며

성취묘향 주가신은 널리 일체 수행할 법을 개시하는 해탈문을 얻었으며,

疏

八은 以行成佛일새 故로 始成卽宣이라

여덟 번째는 수행으로써 불도를 성취하였기에 그런 까닭으로 처음 성도하시고 곧 선설하신 것이다.

經

見者愛樂主稼神은 得能令法界一切衆生으로 捨離懈怠憂惱等 諸惡普淸淨케하는 解脫門하며

견자애락 주가신은 능히 법계 일체중생으로 하여금 게으르고 근심하고 뇌로워하는 등을[89] 버려 떠나게 하여 모든 악[90]을 널리 청정케 하는 해탈문을 얻었으며,

疏

九는 懈於修習하면 憂惱是生하고 勤策諸根하면 衆惡淸淨하니라

아홉 번째는 닦아 익히는 것을 게을리 하면 근심과 뇌로움이 생겨나고, 모든 근욕根欲을 부지런히 채찍하면 수많은 악이 청정해지는 것이다.

---

[89] 원문에 우뇌등憂惱等하야 토로 번역하였으나, 우뇌등의 제악하야 토로 번역하여도 허물이 없다 하겠다.
즉 근심하고 뇌로워하는 등의 모든 악을 버리고 떠나 널리 청정케 하는 해탈문을 얻었다고 해석하는 것이다.
[90] 제악諸惡이란, 『잡화기』에는 제고제苦라고 하였다.

> 經

離垢光明主稼神은 得觀察一切衆生善根하고 隨應說法하야 令衆會歡喜滿足케하는 解脫門하니라

이구광명 주가신은 일체중생의 선근을 관찰하고 응함을 따라 법을 설하여 모인 대중으로 하여금 환희하고 만족케 하는 해탈문을 얻었습니다.

> 疏

十은 隨根爲說하야 遂求故喜니라

열 번째는 근기를 따라 설법하여 드디어 구원한 까닭으로 환희케 한다는 것이다.

經

爾時에 柔軟勝味主稼神이 承佛威力하야 普觀一切主稼神衆하고 而說頌言호대

그때 유연승미 주가신이 부처님의 위신력을 받아 널리 일체 주가신의 대중을 관찰하고 게송을 설하여 말하기를,

疏

偈文은 可知라

게송의 문장은 가히 알 수가 있을 것이다.

經

如來無上功德海로　普現明燈照世間하사
一切衆生咸救護하시고　悉與安樂無遺者이니다

世尊功德無有邊하사　衆生聞者不唐捐하시고
悉使離苦常歡喜케하시니　此是時華之所入이니다

善逝諸力皆圓滿하시며　功德莊嚴現世間하사
一切衆生悉調伏하시니　此法勇力能明證이니다

佛昔修治大悲海하사대　其心念念等世間일새
是故神通無有邊이시니　增益精氣能觀見이니다

佛遍世間常現前하사대　一切方便無空過하시고
悉淨衆生諸惑惱케하시니　此普生神之解脫이니다

佛是世間大智海일새　放淨光明無不遍하시고
廣大信解悉從生케하시니　如是嚴髻能明入이니다

如來觀世起慈心하사　爲利衆生而出現하야
示彼恬怡最勝道하시니　此淨華神之解脫이니다

善逝所修淸淨行을　　菩提樹下具宣說하시고
如是敎化滿十方케하시니 此妙香神能聽受이니다

佛於一切諸世間에　　悉使離憂生大喜하시고
所有根欲皆治淨케하시니 可愛樂神斯悟入이니다

如來出現於世間하사　普觀衆生心所樂하시고
種種方便而成熟케하시니 此淨光神解脫門이니다

여래가 더 이상 없는 공덕의 바다로
널리 밝은 등불을 나타내어 세간을 비추어
일체중생을 다 구호하시고
다 안락을 주어 버리는 사람이 없었습니다.

세존의 공덕은 끝이 없어서
중생의 듣는 이를 헛되이 버리지 않으시고
다 하여금 고통을 떠나 항상 환희케 하시니
이것은 이 시화정광 주가신이 들어간 바입니다.

선서의 모든 힘은 다 원만하시며
공덕으로 장엄하여 세간에 출현하여
일체중생을 다 조복하시니
이 법문은 용건색력이 능히 분명하게 증득하였습니다.

부처님이 옛날에 대비의 바다를 닦아 다스리시되
그 마음이 생각 생각에 세간과 같았기에
이런 까닭으로 신통이 끝이 없으시니
증익정기 주가신이 능히 관찰하여 보았습니다.

부처님이 세간에 두루하여 항상 앞에 나타나시되
일체 방편으로 헛되이 지나지 않으시고
중생의 모든 미혹의 뇌로움을 다 청정케 하시니
이것은 보생근과 주가신의 해탈입니다.

부처님은 이 세간에 큰 지혜의 바다이기에
청정한 광명을 놓아 두루하지 아니함이 없게 하시고
광대한 믿음과 지혜가 다 이로 좇아 생기게 하시니
이와 같은 것은 묘엄환계 주가신이 능히 분명하게 들어갔습니다.

여래가 세간을 관찰하시고 자비심을 일으켜
중생을 이익케 하기 위하여 출현하여
저들에게 편안하고 기쁘게 하는 최승의 도를 보이시니
이것은 윤택정화 주가신의 해탈입니다.

선서가 닦으신 바 청정한 행을
보리수 아래에서 갖추어 선설하시고
이와 같이 교화하여 시방에 충만케 하시니

이것은 성취묘향 주가신이 능히 듣고 받았습니다.

부처님이 일체 모든 세간에
다 하여금 근심을 떠나 큰 기쁨을 내게 하시고
있는 바 근욕을 다 다스려 청정케 하시니
가애락 주가신이 여기에 깨달아 들어갔습니다.

여래가 세간에 출현하여
널리 중생의 마음에 좋아하는 바를 관찰하시고
가지가지 방편으로 성숙케 하시니
이것은 정광명[91] 주가신의 해탈문입니다.

---

[91] 정광淨光은, 장행문에 이구광명離垢光明이라 하였다. 곧 여기에 정淨은 게송에 이구離垢의 뜻이다.

經

復次 吉祥主藥神은 得普觀一切衆生心하야 而勤攝取하는 解脫門하며

다시 길상 주약신은[92] 널리 일체중생의 마음을 관찰하여 부지런히 섭수하여 취하는 해탈문을 얻었으며,

疏

第十一은 主藥神이니 十法十頌이라 一은 順情則易攝이요 逆意則難調일새 故普觀之니라

제 열한 번째는 주약신이니
십법에 십송十頌이 있다.
첫 번째는 중생의 마음을 따르면 곧 쉽게 섭수할 것이고, 중생의 뜻을 거스르면 곧 조복하기 어려울 것이기에 그런 까닭으로 널리 그 중생을 관찰하는 것이다.

---

[92] 길상 주약신 이하는 제 열 번째 관정주에 속한다.

> 經

梅檀林主藥神은 得以光明攝衆生하야 俾見者無空過케하는 解脫門하며

전단림 주약신은 광명으로써 중생을 섭수하여 보는 사람으로 하여금 헛되이 지나지 않게 하는 해탈문을 얻었으며,

離塵光明主藥神은 得能以淨方便으로 滅一切衆生煩惱케하는 解脫門하며

이진광명 주약신은 능히 청정한 방편으로써 일체중생의 번뇌를 멸제케 하는 해탈문을 얻었으며,

> 疏

二三은 可知라

두 번째와 세 번째는 가히 알 수가 있을 것이다.

> 經

名稱普聞主藥神은 得能以大名稱으로 增長無邊善根海케하는 解脫門하며

명칭보문 주약신은 능히 큰 명성으로써 끝없는 선근의 바다를 증장케 하는 해탈문을 얻었으며,

> 疏

四는 始學者는 以名爲實賓거니와 大士는 以名爲佛事니라

네 번째는 처음 배우는 사람은 명성으로써 실상의 손(賓)을 삼거니와,[93] 부처님(大士)은 명성으로써 불사를 삼는 것이다.

---

93 명성으로써 실상의 손(賓)을 삼는다고 한 것은, 『장자』소요유편의 말을 그윽이 인용한 것이다. 즉 옛날 요임금이 허유許由에게 천하를 당신이 맡아주시오 하니, 허유가 말하기를 당신이 천하를 다스림에 천하가 잘 다스려지고 있거늘, 내가 당신을 대신한다고 하는 것은 <u>내가 장차 명성을 얻기 위해서인가요. 명성은 실상의 손에 불과하거늘, 내가 장차 손이 되란 말이오.</u> 뱁새가 깊은 숲속에 깃들어도 몸을 두기는 한 가지의 나무에 지나지 않고, 생쥐가 강물을 마셔도 자기 배를 채우는 데 지나지 않나니. 임금이여, 돌아가시오. 나는 천하를 가져 쓸 데가 없소이다.
손(賓)이란 그림자라는 뜻이 있다.

ⓔ經

毛孔現光主藥神은 得大悲幢으로 速赴一切病境界하는 解脫門하며

모공현광 주약신은 대비의 당기로 속히 일체 병의 경계에 다다르는 해탈문을 얻었으며,

ⓔ疏

五는 以慈善根力으로 放月愛等光하야 身心兩病을 纔念便滅이라

다섯 번째는 자비의 선근력으로써 월애月愛삼매 등의 광명을 놓아 몸과 마음의 두 가지 병을 겨우 생각만 해도 문득 사라지게 하는 것이다.

ⓔ鈔

以慈善根力者는 慈善根은 卽涅槃第十五經云호대 復次善男子야 菩薩은 四無量心으로 能爲一切諸善根本이라하야 下廣說慈心行施하야 發起大願竟云호대 善男子야 一切聲聞과 緣覺菩薩과 諸佛如來의 所有善根이 慈爲根本이라 善男子야 菩薩摩訶薩이 修習慈心하면 能生如是無量善根하리니 謂不淨觀等이 皆從此生이라하고 結云호대 如是等法이 慈爲根本이라 善男子야 以是義故로 慈是眞實이요

非虛妄也니라 若有人이 問誰是一切諸善根本고하면 當言慈是라하리라 以是義故로 實非虛妄이니라 善男子야 能爲善者는 名實思惟라 實思惟者는 卽名爲慈니 慈卽如來요 慈卽大乘이며 大乘卽慈요 慈卽如來니라 善男子야 慈卽菩提道니 菩提道는 卽如來요 如來卽慈라하야 次廣說慈德이 是一切善法이라하고 下廣說慈德호대 如提婆達多가 欲害如來하야 令阿闍世王으로 放護財醉象거늘 我卽入慈定하사 擧手示之한대 卽於指端에 出五師子하니 卽便怖畏하고 擧身投地하야 敬禮我足하니라 善男子야 我時手指에 實無師子나 乃是修慈善根力故로 令彼調伏이라하야 廣說緣起하고 皆悉結歸慈善根力하니라

자비의 선근력이라고 한 것은, 자비의 선근은 곧 『열반경』 제십오경에 말하기를 다시 선남자야, 보살은 사무량심으로 능히 일체 모든 선의 근본을 삼는다 하여, 그 아래에 자비심으로 보시를 행하여 큰 서원을 발기함을 폭넓게 설하여 마치시고 말씀하기를 선남자야, 일체 성문과 연각과 보살과 모든 부처님 여래가 소유한 선근이 자비로 근본을 삼는다.
선남자야, 보살마하살이 자비심을 닦아 익히면 능히 이와 같은 한량없는 선근이 생기하나니,
말하자면 부정관不淨觀 등이 다 이로 좇아 생기한다 하시고, 맺어 말씀하시기를 이와 같은 등의 법이 자비로 근본을 삼는다.
선남자야, 이런 뜻인 까닭으로 자비는 진실한 것이요 허망한 것이 아니다.
만약 어떤 사람이 무엇이 일체 모든 선의 근본인가 하고 물으면

마땅히 이 자비라고 말할 것이다. 이런 뜻인 까닭으로 진실한 것이요 허망한 것이 아니다.

선남자야, 능히 선행을 한다는 것은 이름이 진실로 사유하는(實思惟) 것이다.

진실로 사유한다고 한 것은 곧 이름이 자비이니

자비는 곧 여래요[94] 자비는 곧 대승이며,

대승은 곧 자비요 자비는 곧 여래이다.

선남자야, 자비는 곧 보리의 도니

보리의 도는 곧 여래요, 여래는 곧 자비라[95] 하여 그 다음에 자비의 공덕이 일체 선법이라고 폭넓게 설하시고, 그 아래에 자비의 공덕을 폭넓게 설하시기를 제바달다가 여래를 해하고자 하여 아사세왕으로 하여금 재물을 수호하는 취醉한 코끼리[96]를 풀어 놓게 하거늘, 내가 곧 자비의 선정에 들어가 손을 들어 그 코끼리에게 보인데 곧 손가락 끝에서 다섯 마리 사자가 나오니, 곧 문득 두려워하고 온몸을 땅에 던져 나의 발에 공경히 예배하였다.

---

94 위에 자비는 곧 여래라고 말한 것은 곧 진실한 사유로써 자비를 삼아 여래에 돌아가는 것이고, 아래 자비는 곧 여래라고 한 것은 곧 대승으로써 자비를 삼아 여래에 돌아가는 것이라고 『잡화기』는 말하고 있다.

95 여래는 곧 자비라고 한 것은 본경(열반 15경)에 또한 이와 같이 서사되어 있으니, 앞에 자비는 곧 여래라고 한 것으로 더불어 말은 반대이나 뜻은 같다. 어찌 반드시 전도되었다 말하겠는가. 역시 『잡화기』의 말이다.

96 재물을 수호하는 취한 코끼리라고 한 것은, 그 코끼리는 포악한 까닭으로 능히 주인집에 재물을 수호하여 다른 사람으로 하여금 범접하지 못하게 하는 것이라고 『잡화기』는 말하고 있다.

선남자야, 내가 그때에 손가락 끝에 진실로 사자가 없었지만 이에 자비를 닦은 선근의 힘이 있는 까닭으로 저로 하여금 조복케 한 것이다 하여, 그 연기緣起를 폭넓게 설하시고 다 맺어 자비의 선근력에 귀착시켰다.

放月愛三昧等光은 卽涅槃二十經에 爾時에 世尊이 在雙樹間한대 見阿闍世王이 悶絶躄地하시고 爾時에 世尊이 爲阿闍世王하야 入月愛三昧하니라 入三昧已에 放大光明하시니 其光淸涼하야 往照王身거늘 身疾卽愈하야 鬱蒸除滅하니라 乃至云호대 王問耆婆호대 何等이 名爲月愛三昧고 耆婆答言호대 有六義似하니 一은 譬如月光이 能令一切優鉢羅華로 開敷鮮明케하나니 月愛三昧도 亦復如是하야 能令衆生으로 善心開敷일새 是故로 名爲月愛三昧니라 二는 如月이 能令行路로 歡喜케하나니 此三昧도 能令修習涅槃道者로 歡喜니라 三은 一日로 至十五日은 光色漸明하나니 此도 能令善根으로 增長이니라 四는 十六日로 至三十日은 形色漸減하나니 此도 能令漸減煩惱니라 五는 能除鬱蒸하나니 此도 能除貪惱熱이니라 六은 如月이 衆星中王이요 甘露一味를 人所愛樂하나니 月愛三昧도 亦復如是하야 諸善中王이요 甘露一味를 一切衆生之所愛樂일새 是故復名月愛三昧라하니라

월애삼매 등의 광명을 놓았다고 한 것은, 곧 『열반경』이십경에 그때에 세존이 쌍림雙林 사이에 계신데, 아사세왕이 번민(悶絶)으로 땅에서 앉았다 뛰었다[97] 함을 보시고, 그때에 세존이 아사세왕을

위하여 월애삼매에 들어가셨다.

월애삼매에 들어가신 이후에 큰 광명을 놓으시니

그 광명이 청량하여 왕의 몸에 가서 비추거늘, 왕의 몸에 병이 즉시에 나아 번민의[98] 답답한 더위가 제멸되었다.

내지 말하기를 왕이 기바耆婆에게 묻되 어떤 등이 이름하여 월애삼매가 되는가.

기바가 대답하여 말하기를 여섯 가지 뜻이 같음이 있나니,

첫 번째는 비유하자면 달빛이 능히 일체 우발라優鉢羅 꽃으로 하여금 피게 하여 선명하게 하는 것과 같나니,

월애삼매도 또한 다시 이와 같아서 능히 중생으로 하여금 선한 마음을 피게 하기에 이런 까닭으로 이름을 월애삼매라 하는 것이다.

두 번째는 달이 능히 길 가는 사람으로 하여금 환희케 하는 것과 같나니,

이 삼매도 능히 열반의 도를 닦아 익히는 사람으로 하여금 환희케 하는 것이다.

세 번째는 일 일一日로부터 십오 일에 이르기까지는 달빛 색이 점점 밝아지는 것과 같나니,

이 삼매도 능히 선근으로 하여금 증장케 하는 것이다.

---

97 앉았다 뛰었다고 한 것은, 원문에 벽용躄踊은 벽용躄踊이다. 앉은뱅이 벽이니, 벽용으로 보면 앉았다 뛰었다는 뜻이고, 벽 자로만 보면 앉았다는 뜻이다.

98 울증鬱蒸이라 한 증蒸 자는 본 열반 20경에는 열熱 자로 되어 있으니 아래도 또한 같다. 즉 울증은 가슴이 답답하여 짜증이 나는 것, 답답하여 열이 나는 것이다. 무더워 답답한 모습, 그 뜻은 번민으로 답답한 마음이라는 것이다.

네 번째는 십육 일로부터 삼십 일에 이르기까지는 달의 형색이 점점 감소하여지는 것과 같나니,
이 삼매도 능히 하여금 번뇌를 점점 멸제케 하는 것이다.
다섯 번째는 능히 답답한 더위를 제멸케 하는 것과 같나니,
이 삼매도 능히 탐욕의 열뇌를 제멸케 하는 것이다.
여섯 번째는 마치 달이 수많은 별 가운데 왕이요, 감로의 한맛을 사람들이 좋아하고 즐기는 바와 같나니,
월애삼매도 또한 다시 이와 같아서 모든 선근 가운데 왕이요, 감로의 한맛을 일체중생이 좋아하고 즐기는 바이기에 이런 까닭으로 다시 이름을 월애삼매라 한다 하였다.

經

破暗淸淨主藥神은 得療治一切盲冥衆生하야 令智眼淸淨케하는 解脫門하며

파암청정 주약신은 일체 눈이 어두운 중생을 치료하여 지혜의 눈으로 하여금 청정케 하는 해탈문을 얻었으며,

疏

六은 迷理迷報한 二愚로 盲冥하야 起惑造業하야 備受衆苦어늘 佛以正法金鎞로 開其智眼하사 令明見三諦일새 故云淸淨이라하니라

여섯 번째는 진리(理)에 미하고 과보(報)에 미한 두 가지 어리석음[99]으로 눈이 어두워서 혹惑을 일으키고 업業을 지어 수많은 고통(苦)을 갖추어 받거늘, 부처님이 정법의 금비金鎞[100]로써 그 지혜의 눈을 열어 하여금 삼제三諦를 분명하게 보게 하시기에 그런 까닭으로 말하기를 청정케 한다 하였다.

---

99 두 가지 어리석음이라고 한 것은 미리迷理와 미보迷報이니, 『잡화기』에 말하기를 진리를 미한즉 승의勝義를 미한 어리석음이라 이름하고, 과보를 미한즉 이숙異熟을 미한 어리석음이라 이름하는 까닭이다 하였다.
100 금비金鎞의 비鎞는 전족箭鏃 비이니, 금으로 만든 화살촉을 말한다. 또 그와 같은 기구를 말한다고 하겠다.

鈔

佛以正法金錍者는 卽涅槃第八에 迦葉菩薩이 白佛言호대 世尊이시여 佛性者는 云何甚深難見難入이닛가 佛言하사대 善男子야 如百盲人이 爲治目故로 造詣良醫어늘 是時良醫가 卽以金錍로 抉其眼膜하고 以一指示하며 問言見不아 盲人答言호대 我猶未見이니다 復以二指三指를 示之호니 乃言少見이니다하나니 善男子야 是大涅槃의 微妙經典을 如來未說도 亦復如是하야 無量菩薩이 雖已具足諸波羅蜜하고 乃至十住하야도 猶未能得見於佛性이라가 如來旣說하야사 卽便少見하나니라 是菩薩이 旣得見已하고 咸作是言호대 甚奇世尊이시여 我等이 流轉無量生死하야 常爲無我之所惑亂이니다 善男子야 如是菩薩이 位階十地하야도 尙不了了知見佛性거늘 何況聲聞緣覺之人이 能得見耶아하니라

부처님이 정법의 금비로써라고 한 것은, 곧 『열반경』[101] 제팔권에 가섭보살이 부처님께 여쭈어 말하기를 세존이시여, 불성이라는 것은 어떻게 깊고도 깊어 보기 어렵고 들어가기 어렵다 하십니까. 부처님이 말씀하시기를 선남자야, 마치 백 명의 눈이 어두운 사람이 눈을 치료하기 위한 까닭으로 좋은 의사에게 나아가거늘, 이때에 좋은 의사가 곧 금비로써 그 눈에 막을 긁어내고 한 손가락을 보여주며 물어 말하기를 보이느냐. 눈이 어두운 사람이 대답하여 말하기를

---

101 『열반경』 운운은 『열반경』 제팔권 여래성품이니 한글대장경 53권 열반부 1, p.145, 상단에 있다.

저가 오히려 아직은 보지 못합니다.
다시 두 손가락 세 손가락을 보여주니 이에 말하기를 조금 봅니다 한 것과 같나니,
선남자야, 이 대열반의 미묘한 경전을 여래가 아직 설하지 않는[102] 것도 또한 다시 이와 같아서, 한량없는 보살[103]이 비록 이미 모든 바라밀을 구족하고 이에 십주보살[104]에 이르렀어도 오히려 아직은 능히 불성을 보지 못하다가 여래가 이미 설하여야 곧 문득 조금 보는 것이다.
이 보살이 이미 보아 마치고 다 이와 같은 말을 하되 매우 기특하십니다, 세존이시여. 우리 등이 한량없는 생사에 유전하여 항상 무아無我에 미혹하여 동란動亂하는 바가 되었습니다.[105]
선남자야, 이와 같이 보살이 지위가 십지에 올라갔어도 오히려 분명하게 불성을 지견知見하지 못하였거든, 어찌 하물며 성문과 연각의 사람들이 능히 보겠는가 하였다.

澤州釋云호대 十地菩薩이 各修十度는 名爲百人이요 涅槃은 爲金錍

---

102 여래가 아직 설하지 않았다고 한 것은, 곧 좋은 의사가 아직 막을 긁어내지 아니함에 법합한 것이다고 『잡화기』는 말하고 있다.
103 한량없는 보살이란, 그윽이 십신보살을 말하고 있다 하겠다.
104 십주보살이라고 한 것은, 이 가운데 말한 바 십주는 다 십지의 다른 이름이다. 『잡화기』도 이와 같이 말하고 있다.
105 무아無我에 미혹하여 동란動亂하는 바가 된다고 한 것은, 소승의 무아에 빠져 불성을 못 본다는 것이다.

요 經初一說은 名一指示요 中間重說은 名二指示요 經末復說은 名三指示니라 下合中에 未見佛性은 並如盲人이라하니라 延公云호대 金錍는 喩教요 抉膜者는 教能生解하야 喩破無明이라하니 即今疏意일새 故名正法金錍라하니라 而言三指者는 喩三僧祇요 乃至十地하야도 未了分明일새 故言少見이라하니라 若準澤州인댄 則涅槃은 爲錍요 三說은 爲三指者는 若俱約教인댄 則錍指不殊요 若以涅槃으로 爲所詮者인댄 又不順喩어니 寧取延公이리요 然三僧祇爲三指者는 亦順前示와 及與後示하며 亦順十住少見之言이어늘 今不取者는 遂令佛說로 一時之中에 不具三指케하며 又以時喩指가 以未全同이라 故疏自釋호대 以三諦로 爲三指하니 指爲旨趣가 義甚分明이라 一時橫觀하야도 皆觀三諦요 竪至十住하야도 亦證三諦니라 第一指者는 即示俗諦니 言凡是有心하나는 定當作佛은 皆有佛性이요 二者는 示眞諦는 爲第二指니 云佛性者는 名第一義空이요 三은 示中道는 爲三指니 經云호대 佛性即是無上菩提며 中道種子이니 故로 非有如虛空하고 非無如兔角이라하니라 故知三諦로 喩於三指니라

택주澤州의 원공苑公법사가 해석하여 말하기를 십지보살이 각각 십바라밀을 수행한 것은 이름이 백 명의 눈 어두운 사람이 되는 것이요,
열반은 금비가 되는 것이요,
경초經初에 한 번 설한 것은 이름이 한 손가락을 보인 것이요,
중간에 거듭 설한 것은 이름이 두 손가락을 보인 것이요,
경말經末에 다시 설한 것은 이름이 세 손가락을 보인 것이다.

아래 법합法合 가운데 아직 불성을 보지 못했다고 한 것은 아울러 눈 어두운 사람이 되는 것이다 하였다.

연공延公[106]법사가 말하기를 금비는 교敎에 비유한 것이요,

막膜을 긁어낸다고 한 것은 교敎가 해解를 생기하여 무명을 깨뜨림에 비유한 것이다 하였으니,

곧 지금 소疏의 뜻이기에 그런 까닭으로 말하기를 정법의 금비라 하였다.

세 손가락이라고 말한 것은 삼아승지겁에 비유한 것이요,[107]

이에 십지에 이르렀어도 아직은 분명하게 알지 못한 것이기에 그런 까닭으로 말하기를 조금 본다 하였다.

만약 택주의 원공법사를 기준한다면 곧 열반은 금비가 되는 것이요, 세 번 설한 것은 세 손가락이 된다고 한 것은, 만약 함께 교敎를 잡는다면 곧 금비와 손가락이 다르지 않은[108] 것이요,

---

106 연공延公은 담연법사이다.

107 세 손가락이라고 말한 것은 삼아승지겁에 비유한 것이라고 한 것은, 이것이 곧 이 연공법사가 십지 이상의 한량없는 보살로 백 사람을 삼는 것을 통석한 것이고, 반드시 십지로써 백 사람을 삼는 것은 아니다. 이상은 『잡화기』의 말이나, 여기서는 세 손가락을 삼아승지겁에 비유한 것인데, 십지 운운하는 것은 차라리 이해가 어렵다. 도리어 십지 운운의 예로 세 손가락 운운을 해석했다 할 것이다.

108 곧 금비와 손가락이 다르지 않다고 한 것은, 말하자면 금비와 더불어 손가락의 두 물건이 다름이 없거니와 지금에 만약 함께 교를 잡는다면 이것은 하여금 금비와 손가락이 다르지 않는 것이다. 만약 열반으로써라고 한 등은, 말하자면 만약 소전所詮으로써 열반을 삼아 금비에 법합한즉, 비록 금비와 손가락이

만약 열반으로 소전所詮을 삼는다면 또한 비유를 따르지 않거니 어찌 연공延公법사의 해석을 취하겠는가.[109]

그러나 연공이 삼아승지겁으로써 세 손가락을 삼는다고 한 것은 또한 앞에 보인 것과[110] 그리고 뒤에 보인 것을 따르며 또한 십주보살이 조금 본다[111]고 한 말을 따른 것이거늘, 지금에 취하지 않는 것은

다르지 않다는 허물은 없을 것이나 또한 비유를 따라 해석한 것이 아니니, 비유 가운데 이미 먼저 금비를 이용하고 뒤에 손가락을 현시하였다면 곧 법합 가운데 또한 응당 소전所詮을 먼저 하고 능전能詮을 뒤에 한 것으로, 그 뜻이 서로 어김이 없는 것이다. 그러나 법합 가운데는 이치(所詮)는 먼저 말(能詮)을 이용해야 바야흐로 그 자성을 현시하는 까닭으로 비유로 더불어 따르지 않는 것이다. 이상은 강사의 말이다. 어리석은 나(私記主)는 곧 비유에 있어서는 금비는 결막을 긁어내는 도구가 되고 손가락은 이 보는 바 물건이 되거늘, 법에 있어서는 열반은 보는 바 자성이 되고 교는 어리석음을 제거하는 도구가 되는 까닭으로 서로 따르지 않는 것이라고 본다. 이상은 역시 『잡화기』의 말이다.

109 어찌 연공법사의 해석을 취하겠는가 한 것은 저 연공법사의 해석이 금비로 교를 삼은즉 비록 따를 것이나, 그러나 손가락으로 시간(三指, 삼아승지겁)을 삼는 것이 또한 조금 어김이 있는 까닭으로 여기에 어찌(寧)라는 말이 있는 것이다. 역시 『잡화기』의 말이다.

110 앞에 보인 것이라고 한 등은 도표하면 이렇다.

전시前示 ── 일지一指 ── 무량보살(십신)
후시後示 ── 삼지三指 ── 십지보살
중시中示 ── 이지二指 ── 십주보살

111 또한 십주보살이 조금 본다고 한 것은, 십주보살도 아직 불성을 보지 못하였다는 것이니 중시中示이다.

드디어 부처님의 말씀으로 하여금 일시一時 가운데 세 손가락을 구족하지 못하게 하며, 또 시간으로써 손가락에 비유하는 것이 온전히 같지 않기 때문이다.

그런 까닭으로 소문에서 스스로 해석하기를 삼제로써 세 손가락을 삼았나니,

세 손가락으로 삼제의 지취旨趣를 삼는 것이 그 뜻이 심히 분명하다 하겠다.

일시一時에 횡橫으로 관찰하여도 다 삼제를 관찰한 것이요,

수竪로 십주에 이르러도 또한 삼제를 증득한 것이다.

제일 첫 번째 손가락은 곧 속제를 보인 것이니,

무릇 마음이 있는 이는 결정코 마땅히 부처님이 될 수 있다고 말한 것은 다 불성이 있다는 것이요,

두 번째는 진제를 보인 것은 제 두 번째 손가락이 되는 것이니, 불성이라고 말한 것은 이름이 제일의공第一義空이라는 것이요,

세 번째는 중도를 보인 것은 제 세 번째 손가락이 되는 것이니, 경에 말하기를 불성이 곧 더 이상 없는 보리菩提이며 중도中道의 종자種子이니,

그런 까닭으로 불성이 있을지라도 허공과 같지는 않고[112] 없을지라도

---

112 불성이 있을지라도 허공과 같지 않다고 한 등은, 불성이 비록 있지만 허공과 같지 않나니 허공은 가히 볼 수 없지만 불성은 가히 보는 까닭이요, 불성은 비록 없지만 토끼 뿔과 같지 않나니 토끼 뿔은 가히 생기지 않지만 불성은 가히 생기는 까닭이다. 『회현기』 17권 28장을 볼 것이다. 이상은 『잡화기』의 말이다. 다시 요약하면, 허공은 볼 수 없지만 불성은 볼 수 있고, 토끼

토끼 뿔과 같지는 않다 하였다.
그런 까닭으로 삼제로 세 손가락(三指)에 비유한 줄 알아야 할 것이다.

뿔은 생겨나지 않지만 불성은 생겨난다는 것이다.

> 經

普發吼聲主藥神은 得能演佛音하야 說諸法差別義하는 解脫門하며

보발후성 주약신은 능히 부처님의 음성을 연설하여 모든 법의 차별한 뜻을 설하는 해탈문을 얻었으며,

蔽日光幢主藥神은 得能作一切衆生의 善知識하야 令見者로 咸生善根케하는 解脫門하며

폐일광당 주약신은 능히 일체중생의 선지식을 지어 보는 사람으로 하여금 다 선근을 내게 하는 해탈문을 얻었으며,

> 疏

七八은 可知라

일곱 번째와 여덟 번째는 가히 알 수가 있을 것이다.

經

明見十方主藥神은 得淸淨大悲藏에 能以方便으로 令生信解케 하는 解脫門하며

명견시방 주약신은 청정한 대자대비의 창고에 능히 방편[113]으로써 하여금 믿음과 지해를 내게 하는 해탈문을 얻었으며,

疏

九는 無愛見之大悲로 生物德일새 故로 名藏이라

아홉 번째는 애견愛見이 없는 대비로 중생의 공덕을 출생하기에 그런 까닭으로 이름을 창고라 한 것이다.

---

113 원문에 청정대비장능이방편淸淨大悲藏能以方便이라고 한 것은, 게송에는 대비방편해大悲方便海라 하였다.

> 經

普發威光主藥神은 得方便으로 令念佛하야 滅一切衆生病케하는 解脫門하니라

보발위광 주약신은 방편으로 하여금 염불하여 일체중생의 병을 멸제케 하는 해탈문을 얻었습니다.

> 疏

十은 世醫療治는 雖差還生거니와 永滅生德을 無先念佛이라 因病因光이 皆是方便이니 謂佛有無邊相하며 相有無邊好하며 好放無邊光하며 光攝無邊衆이라 言隨念者는 佛德齊均이나 隨緣隨樂하야 趣稱一佛하면 三昧易成하고 敬一心濃하면 餘盡然矣어든 況心凝覺路하야 闇蹈大方이리요

열 번째는 세상에 의사가 치료하는 것은 비록 쾌차하였을지라도 도리어 발생하거니와, 중생의 병을 영원히 소멸하고 공덕을 내는[114] 것은 염불보다 먼저 함이 없는 것이다.
병을 인연하고 광명을 인연하는 것이 다 방편이니
말하자면 부처님은 끝없는 상相이 있으며,

---

114 영원히 소멸한다고 한 것과 아래 병을 원인한다고 한 것은 장행문이고, 공덕을 낸다고 한 것과 아래 광명을 원인한다고 한 것은 게송문이다. 이는 『잡화기』의 말이다.

상相은 끝없는 호好가 있으며,
호好는 끝없는 광명이 있으며,
광명은 끝없는 중생을 섭수하는 것이다.
게송에 염불함을 따른다고 말한 것은 부처님의 공덕[115]이 가지런하지만 인연을 따르고 좋아함을 따라 나아가 한 부처님을 부르면 삼매를 쉽게 성취하고, 한 부처님을 공경하는 마음이 두터우면 나머지 부처님을 공경하는 것도 다 그러하거든, 하물며 마음을 깨달음의 길에 모아 그윽이 대방大方을 밟는 것이겠는가.

---

115 부처님의 공덕이라고 한 등은, 말하자면 부처님과 부처님의 공덕이 가지런하다면 곧 마땅히 수많은 부처님을 아울러 생각할 것이나, 만약 아울러 생각하면 곧 마음이 번다하여 삼매를 이루지 못하는 까닭으로 반드시 한 부처님만 부르기를 촉구하는 까닭이다. 『잡화기』의 말이다.

經

爾時에 吉祥主藥神이 承佛威力하야 普觀一切主藥神衆하고 而說頌言호대

그때 길상 주약신이 부처님의 위신력을 받아 널리 일체 주약신의 대중을 관찰하고 게송을 설하여 말하기를,

疏

頌은 可知라

게송은 가히 알 수가 있을 것이다.

經

如來智慧不思議하사　悉知一切衆生心하시고
能以種種方便力으로　滅彼群迷無量苦이니다

大雄善巧難測量일새　凡有所作無空過하야
必使衆生諸苦滅케하시니　栴檀林神能悟此이니다

汝觀諸佛法如是하라　往悉勤修無量劫이나
而於諸有無所著하시니　此離塵光所入門이니다

佛百千劫難可遇어늘　若有得見及聞名하면
必令獲益無空過케하시니　此普稱神之所了이니다

如來一一毛孔中에　悉放光明滅衆患하시며
世間煩惱皆令盡케하시니　此現光神所入門이니다

一切衆生癡所盲하야　惑業衆苦無量別거늘
佛悉蠲除開智照하시니　如是破暗能觀見이니다

如來一音無限量하야　能開一切法門海하시며
衆生聽者悉了知케하시니　此是大音之解脫이니다

汝觀佛智難思議하라　普現諸趣救群生하야
能令見者皆從化하시니　此蔽日幢深悟了이니다

如來大悲方便海로　爲利世間而出現하사
廣開正道示衆生하시니　此見方神能了達이니다

如來普放大光明하사　一切十方無不照하야
令隨念佛生功德케하시니　此發威光解脫門이니다

여래의 지혜는 사의할 수가 없어
일체중생의 마음을 다 아시고
능히 가지가지 방편의 힘으로써
저 중생들의 한량없는 고통을 멸제케 하셨습니다.

대웅의 좋은 방편은 측량하기 어렵기에
무릇 소작所作이 있는 이에게는 헛되이 지남이 없어
반드시 그 중생으로 하여금 모든 고통을 멸제하시니
전단림 주약신이 능히 이 법문을 깨달았습니다.

그대들은 모든 불법이 이와 같음을 관찰하세요.
지나간 옛날에 다 한량없는 세월토록 부지런히 수행을 하셨으나
그러나 제유諸有[116]에 집착하는 바가 없으시니
이것은 이진광명 주약신이 들어간 바 법문입니다.

부처님은 백천 세월에도 가히 만나기 어렵거늘
만약 어떤 사람이라도 보거나 그리고 명성을 듣기만 하면
반드시 하여금 이익을 얻어 헛되이 지남이 없게 하시니
이것은 보문명칭117 주약신이 요달한 바입니다.

여래가 낱낱 털구멍 가운데
다 광명을 놓아 수많은 근심을 멸제하시며
세간의 번뇌를 다 하여금 다 하게 하시니
이것은 모공현광 주약신이 들어간 바 법문입니다.

일체중생이 어리석음으로 눈먼 바가 되어
혹惑·업業과 수많은 고통(苦)이 한량없이 차별하거늘
부처님이 다 덜어 제거하고 지혜를 열어 비추시니
이와 같은 것은 파암청정 주약신이 능히 관찰하여 보았습니다.

여래의 한 음성은 한량이 없어
능히 일체 법문의 바다를 개연開演하시며
중생이 듣는 사람으로 다 요달하여 알게 하시니
이것은 보발대음118 주약신의 해탈입니다.

---

116 제유諸有는, 삼계이십오유三界二十五有이다.
117 원문에 보칭普稱은, 장행문에 명칭보문名稱普聞이라 하였다.
118 대음은, 장행문에 보발후성普發吼聲이라 하였다.

그대들은 부처님의 지혜 그 사의하기 어려움을 관찰하세요.
널리 제취諸趣에 나타나 중생을 구호하여
능히 보는 사람으로 하여금 좇아가 교화하시나니
이것은 폐일광당 주약신이 깊이 깨달아 알았습니다.

여래가 대비방편의 바다로
세간을 이익케 하기 위하여 출현하여
널리 정도를 열어 중생에게 보이시니
이것은 명견시방 주약신이 능히 요달하였습니다.

여래가 널리 큰 광명을 놓아
일체 시방에 비추지 아니함이 없어서
하여금 염불함을 따라 공덕을 출생케 하시니
이것은 보발위광 주약신의 해탈문입니다.

經

復次 布華如雲主林神은 得廣大無邊한 智海藏의 解脫門하며

다시 포화여운 주림신은 광대하고 끝이 없는 지혜의 바다 창고의 해탈문을 얻었으며,

疏

第十二는 主林神이니 十法十頌이라 一은 佛德無邊이나 皆依智海니 含德流光일새 所以名藏이라

제 열두 번째는 주림신이니
십법에 십송十頌이 있다.
첫 번째는 부처님의 공덕이 끝이 없지만 다 지혜의 바다를 의지하나니,
공덕을 함유하고 광명을 유출하기에 그런 까닭으로 이름을 창고라 하는 것이다.

> 經

擢幹舒光主林神은 **得廣大修治**하야 **普淸淨**케하는 **解脫門**하며

탁간서광 주림신은 광대하게 닦아 다스려 널리 청정케 하는 해탈문을 얻었으며,

> 疏

二는 等衆生悲를 是爲廣大요 一一離障을 名普淸淨이라

두 번째는 중생과 같은 대비를 이에 광대하다 하고,
낱낱이 장애를 떠난 것을 이름하여 널리 청정케 한다 하는 것이다.

經

生芽發耀主林神은 得增長種種淨信芽케하는 解脫門하며

생아발요 주림신은 가지가지 청정한 믿음의 싹[119]을 증장케 하는 해탈문을 얻었으며,

疏

三은 一切勝因을 皆爲佛道니 各各心淨하면 則種種芽生이라

세 번째는 일체 수승한 원인을 다 불도[120]라 하나니,
각각 마음이 청정하면 곧 가지가지 싹이 생겨나는 것이다.

---

119 원문에 정생아淨生芽는, 정신아淨信芽로 고쳤다. 생生 자보다는 신信 자가 좋다. 뒤의 게송문(영인본 화엄 3책, p.175, 2행)에도 입어심신해入於深信海라 하였다.
정생아淨生芽로 해석하면 가지가지 청정하여 나는 싹을 증장케 하는 해탈문을 얻었다고 할 것이다.
120 불도는, 게송에 여래도如來道라 하였다.

⊙ 經

吉祥淨葉主林神은 得一切淸淨한 功德莊嚴聚의 解脫門하며

길상정엽 주림신은 일체 청정한 공덕 장엄 뭉치의 해탈문을 얻었으며,

⊙ 疏

四는 一切功德을 莊嚴一毛하야 一一皆然일새 故로 佛爲德聚요 良以佛果纜因에 皆圓成非分成일새 是故로 一因에 生一切果하며 一果에 收一切因하야 皆圓融無礙耳니라

네 번째는 일체 공덕을 한 털끝에 장엄하여 낱낱이 다 그렇게 하기에 그런 까닭으로 부처님이 복덕의 뭉치가 되는 것이요
진실로 불과佛果로써 원인을 잡음에 다 원만하게 성취하고 부분적으로 성취한 것이 아니기에 이런 까닭으로 한 원인에 일체 과보(果)를 출생하며, 한 과보(果)에 일체 원인을 거두어 다 원융하여 걸림이 없는 것이다.

㉓

垂布焰藏主林神은 得普門淸淨慧로 恒周覽法界하는 解脫門하며

수포염장 주림신은 넓은 문에 청정한 지혜로 항상 법계를 두루 보는 해탈문을 얻었으며,

㊝

五는 智通萬法일새 是曰普門이요 客塵不生일새 故曰淸淨이라 悟如日照하야 頓周法界요 功如拂鏡하야 說智漸明이니 明是本明이요 漸爲圓漸이라

다섯 번째는 지혜가 만법에 통하기에 이것을 보문普門이라 말하는 것이요,
객진121번뇌客塵煩惱가 일어나지 않기에 그런 까닭으로 청정이라 말하는 것이다.
깨달음은122 태양이 비침과 같아서 문득 법계에 두루하는 것이요,
공덕은 거울에 먼지를123 떠는 것과 같아서 지혜가 점점 밝아지는

---

121 객진客塵이란, 모든 법의 자체성에 대하여 본래의 존재가 아니기에 객客이라 하고, 작고 많기에 진塵이라 하는 것이다.
122 깨달음 운운은 육조의 돈오이다.
123 공덕은 거울에 먼지 운운은 신수의 점수로, 시시근불식時時勤拂拭이다.

것을 말하는 것이니
밝다는 것은 본래 밝다는 것이요,
점漸이라는 것은 원圓의 점漸[124]이 되는 것이다.

鈔

悟如日照等者는 楞伽經中에 有四漸四頓거늘 今唯用一이라 彼經에 大慧가 白佛言호대 世尊이시여 云何淨除自心現流닛가 爲頓爲漸이닛가 答中에 先明四漸하고 後說四頓하니라 漸은 經云호대 佛告大慧하사대 漸淨非頓이니라 一은 如菴羅果가 漸熟非頓이니 如來가 漸除衆生의 自心現流도 亦復如是하야 漸淨非頓이니라(此喩十信) 二는 如陶家作器에 漸成非頓이요(此喩十住) 三은 如大地漸生非頓이요(此喩十行) 四는 如習藝에 漸就非頓이라하니라(此喩十向) 上之四漸은 約於修行이니 未證理故요 下之四頓은 約已證理니라 一은 明鏡頓現喩니 經云호대 譬如明鏡이 頓現一切色像하나니 如來가 淨除一切衆生의 自心現流도 亦復如是하야 頓現無相無所有한 淸淨法界니라(此喩初地至七地) 二는 日月頓照喩니 云호대 如日月輪頓照하야 顯示一切色像하나니 如來가 爲離衆生의 自心現流하는 習氣過患도 亦復如是하야 頓爲顯示不思議한 勝智境界니라(此喩八地已上) 三은 藏識頓知喩니 云호대 譬如藏識이 頓分別하야 知自心現流와 及身安立과 受用境界하나니 彼諸依佛도 亦復如是하야 頓熟衆生의 所處境界하야 以修

---

124 원圓의 점漸이란 원가圓家의 점이라는 뜻이니, 천태의 말이다. 아래 초문에 있다.

行者로 安處於彼色究竟天케하니라(此喩報佛) 四는 佛光頓照喩니 云
호대 譬如法佛과 所作依佛의 光明照耀니 自覺聖趣도 亦復如是하야
彼於法相에 有性無性과 惡見妄想을 照令除滅이라하니라(此亦喩法
報라 前喩報成이요 此喩頓照라) 今疏엔 唯取頓中에 一의 日光頓照喩라
雖擧鏡喩나 非是明鏡頓照요 自取拂鏡之喩니 正同大通의 時時勤
拂拭하야 勿使惹塵埃니라 而後自融通하니라

깨달음은 태양이 비치는 것과 같다고 한 등은, 『능가경』[125] 가운데
사점四漸과 사돈四頓이 있거늘 지금에는 오직 하나만 인용하였다.[126]
저 경에 대혜보살이 부처님께 여쭈어 말하기를 세존이시여, 어떤
것이 자심自心에 현류現流를 정제淨除하는 것입니까. 돈頓입니까,
점漸입니까.
답하는 가운데 먼저는 사점四漸을 밝히고 뒤에는 사돈四頓을 설하
셨다.
점漸은 경에 말하기를 부처님이 대혜보살에게 말씀(告)하시기를
점점 정제하고 문득 정제하는 것이 아니다.
첫 번째는 암마라 과실[127]이 점점 익고 문득 익는 것이 아닌 것과
같나니,
여래가 중생의 자심에 현류를 점점 정제하는 것도 또한 다시 이와

---

125 『능가경』은, 십권 『능가경』은 제이권이고, 사권 『능가경』은 제일권이다.
126 오직 하나만 인용하였다고 한 것은, 돈사頓四 가운데 제 두 번째 일광돈조유日
   光頓照喩이다.
127 암마라과는, 사과와 같은 유형이다.

같아서 점점 정제하고 문득 정제하는 것이 아니다.(이것은 십신에 비유한 것이다.)

두 번째는 도예가가 그릇을 만듦에 점점 만들고 문득 만드는 것이 아닌 것과 같은 것이요,(이것은 십주에 비유한 것이다.)

세 번째는 대지大地가 점점 생기고 문득 생기는 것이 아닌 것과 같은 것이요,(이것은 십행에 비유한 것이다.)

네 번째는 예술을 익힘에 점점 성취하고 문득 성취하는 것이 아닌 것과 같다 하였다.(이것은 십회향에 비유한 것이다.)

이상에 사점四漸은 수행을 잡은 것이니 아직 진리를 증득하지 못한 까닭이요,

이 아래 사돈四頓은 이미 진리를 증득한 것을 잡은 것이다.

첫 번째는 밝은 거울이 문득 나타내는 비유이니

경에 말하기를 비유하자면 밝은 거울이 일체 색상을 문득 나타내는 것과 같나니,

여래가 일체중생의 자심에 현류現流를 정제하는 것도 또한 다시 이와 같아서 모습(相)도 없고 있는 바도 없는 청정한 법계를 문득 나타내는[128] 것이다.(이것은 초지로부터 칠지에 이르기까지를 비유한 것이다.)

두 번째는 해와 달이 문득 비추는 비유이니

---

[128] 문득 나타낸다고 한 등은, 그러한즉 앞에 비유(첫 번째에 밝은 거울이 문득 나타내는 비유)는 다만 문득 나타내는(能現) 뜻만 취한 것이고, 그 거울이 나타낼 바(所現)까지 아울러 취한 것은 아니라고 『잡화기』는 말하고 있다.

경에 말하기를 해와 달의 둥근 모습이 문득 비추어 일체 색상을 현시하는 것과 같나니,

여래가 중생의 자심에 현류하는 습기習氣의 허물을 떠나게 하기 위한 것도 또한 다시 이와 같아서 문득 사의할 수 없는 수승한 지혜의 경계를 현시하는 것이다.(이것은 팔지 이상에 비유한 것이다.)

세 번째는 장식藏識이 문득 아는 비유이니

경에 말하기를 비유하자면 장식이 문득 분별하여 자심에 현류와 그리고 몸의 안립安立과 수용受用의 경계를 아는 것과 같나니,

저 모든 의불依佛[129]도 또한 다시 이와 같아서 문득 중생이 거처한 바 경계를 성숙시켜 수행자로 저 색구경천에 편안히 거처하게 하는[130] 것이다.(이것은[131] 보신불에 비유한 것이다.)

네 번째는 부처님의 광명이 문득 비추는 비유이니

경에 말하기를 비유하자면 법신불과 지은 바 의불依佛의 광명이 비추는 것과 같나니,

스스로 성취聖趣[132]를 깨닫는 것도 또한 다시 이와 같아서 저 법상法相

---

[129] 의불依佛이라고 한 것은, 보신은 법신을 의지하는 까닭으로 보신불을 이름하여 의불이라 하는 것이다.

[130] 저 색구경천에 편안히 거처하게 한다고 한 것은, 보신은 색구경천에서 성불하여 중생을 제도한다는 것이다.

[131] 주註에 이것은 보신불에 비유한 것이라고 한 것은, 여기에서 말한 보신불도 또한 성숙케 할 바 중생을 가리켜 말한 것이고 경 가운데 말한 의보불이 아니니, 저 경 가운데서 말한 의보불은 곧 능히 교화하는(能化佛) 까닭이다. 아래 또한 법신과 보신에 비유한다고 말한 것도 여기를 상대하여 볼 것이다고 『잡화기』는 말한다.

에 유성有性과 무성無性과 악견惡見과 망상을 비추어 하여금 제멸케 하는 것이다 하였다.(이것은 또한 법신과 보신에 비유한 것이다.[133] 앞에는 보성報成에 비유하고, 여기는 돈조頓照에 비유한 것[134]이다.) 지금 소문(疏)에서는 오직 돈頓 가운데 첫 번째 태양의 광명이 문득 비추는 비유만을 취하였다.

비록 밝은 거울의 비유를 거론하였지만 이 밝은 거울이 문득 비추는 비유를 취한 것이 아니고 스스로 거울을 떠는 비유를 취한 것이니, 대통대사大通大師[135]가 때때로 떨어서 하여금 티끌이 끼지 말게 하라고 한 것과 바로 같은 것이다.

그러나 뒤에 스스로 융합하여 회통하였다.[136]

又上四漸四頓은 多依地位니 古今에 同爲此釋호대 亦順經文거니와

---

132 성취聖趣는, 중생취의 반대이다.
133 이것은 또한 법신과 보신에 비유한 것이라고 한 등은 앞에 말을 상대하여 헤아려 가린 것이다. 그러나 여기에 양중兩重이 있나니, 처음에는 곧 앞(제삼에 喩報佛)에는 국한하고 여기는 통하는 것이니, 스스로 성취聖趣를 깨닫는 등이라 한 것이 법신과 보신에 통하여 포함하는 까닭이다. 앞에는 보성에 비유하였다고 운운한 것은 뒤에 또한 보신에 나아가 자타를 헤아려 가린 것이니, 앞에는 자自이고 여기는 타他인 까닭이다. 역시『잡화기』의 말이다.
134 앞에 보성이라고 한 것은 제 세 번째 보불성취報佛成就이고, 여기 돈조라 한 것은 여기 제 네 번째 법신돈조法身頓照이다.
135 대통대사大通大師는 곧 신수대사神秀大師이다.
136 뒤에 스스로 융합하여 회통한 것이라고 한 것은, 밝다는 것은 본래 밝다는 것이요, 점이라는 것은 원의 점이라고 융합하여 회통한 것이다.

今釋은 通於橫竪니 則位位之中에 皆有頓漸이라 然이나 約橫論頓인 댄 復有多義라 一은 頓悟漸修니 如見九層之臺에 則可頓見이나 要須 躡階한 而後得昇하나니 今亦如是하야 頓了心性이 卽心卽佛일새 無 法不具나 而須積功하야 遍修萬行하나니 此約解悟니라 二는 頓修漸 悟이니 卽如磨鏡에 一時遍磨나 明淨有漸하나니 萬行頓修나 悟則漸 勝하나니 此約證悟니라 三은 頓修頓悟니 如利劍斬絲에 千莖齊斬이 나 一時齊斷하며 亦如染絲에 一時齊染하야 一時成色하나니 萬行齊 修에 一時朗悟니라 四는 漸修漸悟니 猶如斬竹에 節節不同하나니 此 今非用이라

또 위에 사점과 사돈은 다분히 지위를 의지하나니, 고금古今에 다이 해석을 하였으되[137] 또한 경문[138]에 순하여 해석을 하였거니와, 지금에 해석은 횡橫·수竪에 통하나니[139] 곧 지위 지위 가운데 다돈·점이 있는 때문이다.
그러나 횡을 잡아 돈·점을 논한다면 다시 많은 뜻이 있다.
첫 번째는 돈오점수니
마치 구층의 집[140]을 봄에 곧 가히 문득 다 보지만 요要는 반드시

---

137 고금古今에 다 이 해석을 하였다고 한 것은, 앞의 『능가경』에 배석한 것을 말한다.
138 경문은 곧 『능가경』 문이다.
139 지금에 해석은 횡橫·수竪에 통한다고 한 것은, 수로는 초지로부터 칠지에 해당하고, 횡으로는 지위 지위마다 다 통한다는 것이다. 『잡화기』의 말도 이와 같다.

계단을 밟은 이후에 올라감을 얻는 것과 같나니,
지금에 해석도 또한 이와 같아서[141] 문득 심성이 곧 마음이고 곧 부처이기에 법마다 구족하지 아니함이 없는 줄 알았지만, 그러나 반드시 공덕을 쌓아 두루 만행을 닦아야 하나니
이것은 해오解悟를 잡은 것이다.
두 번째는 돈수점오니
곧 거울을 갊에 일시에 두루 갈지만 밝고 맑아지는 것은 점점 함이 있는 것과 같나니,
만행을 문득 닦지만 깨달음은 곧 점점 수승하여지나니
이것은 증오證悟를 잡은 것이다.
세 번째는 돈수돈오니
예리한 칼로 실을 끊음에 천 가닥을 가지런히 끊되 일시에 가지런히 끊는 것과 같으며,

---

140 臺는 집 대 자이다. 보통은 누대, 누각의 뜻이나 여기서는 집의 뜻이 더 좋다 하겠다.

141 지금에 해석도 또한 이와 같다고 한 등은 소문에 귀결시키는 것이니, 이것은 곧 청량스님이 다른 곳에서는 비록 이 대(此對는 八對中 一에 돈오점수이다)를 깨달음으로써 닦음을 좇아 점문漸門에 배속하였으나, 지금에는 곧 오직 돈오의 뜻만 취하여 돈문頓門에 배속하였으니 대개 이용하는 바가 같지 않는 것이다. 가히 하나로 기준할 수 없는 것이다. 역시 『잡화기』의 말이다. 지금에 해석도 또한 이와 같다고 한 아래는 청량스님의 해석으로서 역시 돈오점수를 주장하나, 단 해오解悟를 단서하고 있다 하겠다. 심성이 곧 마음이고 곧 부처라고 한 것은, 심성은 중생의 본성이니 심불급중생心佛及衆生이 시삼무차별是三無差別임을 말하고 있다 하겠다.

또한 실을 물들임에 일시에 가지런히 물들여서 일시에 색깔을 이루는 것과 같나니,
만행을 가지런히 닦음에 일시에 밝게 깨닫는 것이다.
네 번째는 점수점오니
비유하자면 대나무를 끊음[142]에 마디마디가 같지 않은 것과 같나니, 이것은 지금에 인용할 것이 아니다.

今言悟如日照는 卽解悟證悟가 皆悉頓也니 卽頓修頓悟요 功如拂鏡은 亦非頓悟漸修니 是頓修漸悟義니라 言明是本明이요 漸爲圓漸者는 此融上二니 恐人謂拂鏡에 非頓明이라 鏡本來淨거니 何用拂塵埃리요할재 故爲會之니 此是六祖가 直顯本性하야 破其漸修어니와 今爲順經하야 明其漸證이니 隨漸漸明이 皆本明矣라 故云明是本明이라하니 卽無念體上에 自有眞知언정 非別有知하야 知心體也니라 言漸爲圓漸者는 卽天台智者意니 彼有言云호대 漸漸非圓이요 圓非漸圓이라하니 謂漸家에도 亦有圓漸하고 圓家에도 亦有圓漸이라 漸家漸者는 如江出岷山에 始於濫觴이요 漸家圓者는 如大江千里니라 圓家漸者는 如初入海에 雖則漸深이나 一滴之水가 已過大江거든 況濫觴耶아 圓家圓者는 如窮海涯底니 故今云漸是圓家漸이라하니 尙過漸家之圓거든 況漸家之漸이리요

지금 소문에 말하기를 깨달음은 태양이 비침과 같다고 한 것은

---

[142] 斬은 쪼개다, 베다, 자르다의 뜻이 있다.

해오解悟와 증오證悟[143]가 다 돈頓이니 곧 돈수돈오요, 공덕은 거울을 떠는 것과 같다고 한 것은 또한 돈오점수[144]가 아니니 이것은 돈수점오의 뜻이다.

밝다는 것은 본래 밝다는 것이요, 점이라는 것은 원圓의 점漸이 된다고 말한 것은 이것은 위에 두 가지[145]를 융합한 것이니, 어떤 사람[146]이 말하기를 거울에 먼지를 떪에 문득 밝아지는 것이 아니라 거울은 본래 청정하거니 어찌 티끌을 떪을 이용하겠는가 할까 염려하기에 그런 까닭으로 회통하였나니, 이것은 육조대사가[147] 바로 본성을 나타내어 그 점수를 깨뜨린 것이거

---

143 해오와 증오라고 한 것은, 해오는 곧 첫 번째 돈오점수이고 증오는 곧 제 두 번째 돈수점오이나, 그러나 그 다음에 오직 제 세 번째 돈수돈오만 가리킨 것은, 대개 돈오점수는 곧 앞에서 이미 가리켜 배속한 까닭으로 거듭 거론함을 수구하지 않는 것이라고 『잡화기』는 말하고 있다.
144 영인본 화엄에는 단 점수라고만 되어 있고 돈오라는 말은 없으나, 보증하였으니 생각할 것이다.
145 위에 두 가지라고 한 것은, 첫 번째는 세 번째 오여일조悟如日照이니 돈수돈오이고, 두 번째는 두 번째 공여불경功如拂鏡이니 돈수점오이다.
146 어떤 사람이란, 육조스님이다.
147 이것은 육조대사라고 한 등은, 그 뜻에 말하기를 그 거울은 본래 청정하다는 말이 곧 이 육조스님이 점수를 깨뜨린 뜻을 밝힌 것이니, 곧 지금의 이 돈문에 거울을 떠는 것을 이용하는 것은 부당하지만, 다만 그 게송(육조게송)만 따라 말하였을 뿐인 까닭으로. 이것은 곧 점점 밝아지는 것이 곧 다 본래 밝은 것이니, 이미 오직 점만 회통한 것이 아니거든, 하물며 그 거울을 떠는 것이 본래 점수를 말한 것이 아니고, 그 뜻은 실로 곧 돈수를

니와, 지금에는 그 경을 따라 그 점점 증득함을 밝힌[148] 것이니 점점 수행함을 따라 점점 밝아지는 것이 다 본래 밝은 것이다. 그런 까닭으로 말하기를 밝다는 것은 본래 밝다는 것이라 하였으니, 곧 무념無念의 자체상에 스스로 참다운 앎이 있을지언정 따로이 아는 것이 있어서 심체를 아는 것은 아니다.

점이라는 것은 원의 점이라고 말한 것은 곧 천태지자대사의 뜻이니, 저기에 어떤 사람이 말하여 이르기를 점漸은 점漸이라 원圓의 점漸이 아니요, 원은 원이라 점의 원이 아니라 하였으니,
말하자면 점가漸家에도 또한 원의 점이 있고, 원가圓家에도 또한 원의 점이 있는 것이다.
점가에 점이라고 한 것은 마치 양자강이 아미산에서 나옴에 남상濫觴[149] 정도의 물에서 시작하는 것과 같고,
점가에 원이라는 것은 마치 큰 강의 천 리千里[150]와 같다.
원가에 점이라는 것은 마치 처음 바다에 들어감에 비록 곧 점점 깊어지지만 한 방울의 물이 이미 큰 강을 지나는 것과 같거든,[151]

말한 것이겠는가. 이상은 역시 『잡화기』의 말이다.
148 점점 증득함을 밝힌다고 한 것은, 게송에 낱낱 부처님의 처소에 지혜가 점점 밝아진다 하였다.
149 남상濫觴은 잔을 띄울 만한 작은 샘, 또는 한 잔의 물을 말한다.
150 큰 강의 천 리千里라고 한 것은, 큰 강(大江)은 천 리이고, 장강長江은 만 리이다.
151 큰 강을 지나는 것과 같다고 한 등은, 큰 강은 점가漸家의 원圓이고, 남상은 점가漸家의 점漸이다.

하물며 남상濫觴이겠는가.

원가에 원이라는 것은 마치 바다 밑 끝까지 다하는 것과 같나니, 그런 까닭으로 지금에 말하기를 점은 이 원가의 점이라[152] 하였으니 오히려 점가漸家의 원圓도 지났거든, 하물며 점가漸家의 점漸이겠는가.

---

152 원문에 점시원가점漸是圓家漸이라고 한 것은, 소문에는 점위원점漸爲圓漸이라 하였다.

經

妙莊嚴光主林神은 得普知一切衆生行海하야 而興布法雲하는 解脫門하며

묘장엄광 주림신은 널리 일체중생의 행해行海를 알아서 진리의 구름을 일으켜 펴는 해탈문을 얻었으며,

疏

六은 知遍趣行하야 如應布法이라

여섯 번째는 여러 세계[153] 중생들의 행을 알아서 응함과 같이 진리를 펴는 것이다.

---

153 원문에 변취遍趣라 한 취趣는 갈래, 세계, 곳의 뜻이다. 즉 여러 세계는 육취라 할 수도 있겠다.

經

可意雷聲主林神은 得忍受一切不可意聲하야 演淸淨音하는 解脫門하며

가의뇌성 주림신은 일체 뜻에 맞지 않는 소리를 참고 받아들여 청정한 음성을 연설하는 해탈문을 얻었으며,

疏

七은 了音聲性이 皆同佛音일새 故無不可意요 能令世間으로 皆聞佛音일새 方云淸淨이라

일곱 번째는 음성의 자성이 다 부처님의 음성과 같음을 요달하였기에 그런 까닭으로 뜻에 맞지 않는 소리가 없는 것이요, 능히 세간으로 하여금 다 부처님의 음성을 듣게 하기에 바야흐로 청정하다 말하는 것이다.

> 經

香光普遍主林神은 得十方普現昔所修治의 廣大行境界하는 解脫門하며

향광보변 주림신은 시방에 널리 지나간 옛날에 닦아 다스린 바의 광대한 행의 경계를 나타내는 해탈문을 얻었으며,

> 疏

八은 昔行이 稱周法界를 是廣大境이니 神通으로 普令物見하야 倣而行之니라 如下喜目이 卽其事也니라

여덟 번째는 지나간 옛날에 수행한 것이 법계에 칭합하여 두루하는 것을 이것을 광대한 경계라 하나니,
신통으로 널리 중생으로 하여금 보게 하여 본받아 행하게 하는 것이다.
아래의 희목[154] 관찰신과 같은 이가 곧 그 사실이다.

---

154 아래의 희목이라 한 등은, 사자권師字卷 하권 10장, 상 7행을 볼 것이다.

> 經

妙光迴耀主林神은 得以一切功德法으로 饒益世間케하는 解脫門하며

묘광형요 주림신은 일체 공덕의 진리로써 세간을 요익케 하는 해탈문을 얻었으며,

> 疏

九는 衆生諂佞하야 自不修德거니 寧有進賢之心이리오 今福智益他일새 則物我兼利하나니 偈云諛詖는 卽諂佞也니라

아홉 번째는 중생이 아첨[155]하여 스스로 공덕을 닦지 않았거니 어찌 현도賢道에 나아갈 마음이 있겠는가.
지금에는 복덕과 지혜로 다른 사람을 요익케 하기에 곧 중생과 내가 겸하여 이익을 얻나니,
게송에 말하기를 간사하고 교활하다(諛詖)[156]고 한 것은 곧 여기에 아첨(諂佞)하다고 한 것이다.

---

155 佞는 아첨할 녕이다.
156 험피諛詖는 자전에 그 음을 진피進皮라 하니, 험諛이란 간사한 말의 모습이다 하였다. 『잡화기』의 말이다.

鈔

衆生諂佞하야 自不修德者는 詩云호대 內有進賢之志하고 而無諂詖 之心이라하니라 蒼頡篇曰호대 詖는 謂諂佞也라하니라

중생이 아첨하여 스스로 공덕을 닦지 않는다고 한 것은, 『시전詩 傳』에 말하기를[157] 안으로 현도에 나아갈 뜻만 있고 간사하거나 교활 한 마음은 없다 하였다.
『창힐편蒼頡篇』[158]에 말하기를 교활하다(詖)는 것은 말하자면 아첨 하다(諂佞)는 것이라 하였다.

---

157 『시전詩傳』 운운은 『시경(시전)』 국풍, 주남편에 있다.
158 『창힐편』의 창힐은 황제黃帝의 사신으로, 한자漢字를 처음 만든 사람 창힐蒼頡 을 말한다.

> 經

華果光味主林神은 得能令一切로 見佛出興하고 常敬念不忘하야 莊嚴功德藏하는 解脫門하니라

화과광미 주림신은 능히 일체중생으로 하여금 부처님이 출흥하심을 보고 항상 공경스레 생각하여 잊지 아니하여 공덕의 창고를 장엄케 하는 해탈문을 얻었습니다.

> 疏

十은 敬念則佛興하시고 佛興則莊嚴德藏이라 障重者는 不念不見이언정 於佛豈無常哉아 故應見者는 常見也니라

열 번째는 공경스레 생각하면 곧 부처님이 출흥하시고, 부처님이 출흥하시면 곧 공덕의 창고를 장엄할 것이다.
장애가 무거운 사람은 생각지 않아 볼 수 없을지언정 부처님이 어찌 영원함이 없겠는가. 그런 까닭으로 응당 보고자 하는[159] 사람은 항상 보는 것이다.

---

159 원문에 응견應見이라고 한 아래에 자者 자가 있어야 한다. 따라서 보증하여 넣었다.

經

爾時에 布華如雲主林神이 承佛威力하야 普觀一切主林神衆하고 而說頌言호대

佛昔修習菩提行하사　福德智慧悉成滿하시며
一切諸力皆具足하사　放大光明出世間하니다

悲門無量等衆生거늘　如來往昔普淨治일새
是故於世能爲益케하시니　此擢幹神之所了이니다

若有衆生一見佛하면　必使入於深信海케하사
普示一切如來道하시니　此妙芽神之解脫이니다

一毛所集諸功德은　劫海宣揚不可盡하고
諸佛方便難思議하나니　淨葉能明此深義이니다

我念如來於往昔에　供養刹塵無量佛하시고
一一佛所智漸明하나니　此焰藏神之所了이니다

一切衆生諸行海를　世尊一念悉了知하시니
如是廣大無礙智는　妙莊嚴神能悟入이니다

恒演如來寂妙音하사　普生無等大歡喜하야
隨其解欲皆令悟케하시니　此是雷音所行法이니다

如來示現大神通하사　十方國土皆周遍하야
佛昔修行悉令見케하시니　此普香光所入門이니다

衆生諂誑不修德하고　迷惑沈流生死中일새
爲彼闡明衆智道하시니　此妙光神之所見이니다

佛爲業障諸衆生하사　經於億劫時乃現하시며
其餘念念常令見케하시니　此味光神所觀察이니다

그때 포화여운 주림신이 부처님의 위신력을 받아 널리 일체 주림신의 대중을 관찰하고 게송을 설하여 말하기를,

부처님이 지나간 옛날에 보리의 행을 닦아 익혀
복덕과 지혜를 다 성취하고 원만하게 하였으며
일체 모든 힘을 다 구족하여
큰 광명을 놓아 세간에 유출하셨습니다.

대비의 문이 한량이 없어 중생과 같거늘
여래가 지나간 옛날에 널리 청정하게 닦아 다스렸기에
이런 까닭으로 세간에 능히 이익케 하시니

이것은 탁간서광 주림신이 요달한 바입니다.

만약 어떤 중생이라도 한번 부처님을 친견하면
반드시 하여금 깊은 믿음의 바다에 들어가게 하여
널리 일체 여래의 도를 시현하시나니
이것은 묘아[160]발요 주림신의 해탈입니다.

한 털끝에 모은 바 모든 공덕은
수많은 세월의 바다가 다하도록 선양하여도 가히 다할 수 없고
모든 부처님의 방편은 사의하기 어렵나니
길상정엽 주림신이 능히 이 깊은 뜻을 밝혔습니다.

나는 여래께서 지나간 옛날에
국토 티끌 수만치 많은 한량없는 부처님께 공양하시고
낱낱 부처님의 처소에서 지혜를 점점 밝히심을 생각하나니
이것은 수포염장 주림신이 요달한 바입니다.

일체중생의 모든 행의 바다(行海)를
세존이 한 생각에 다 요달하여 아시니
이와 같은 광대하고 걸림이 없는 지혜는
묘장엄광 주림신이 능히 깨달아 들어갔습니다.

---

160 원문에 묘아妙芽는, 장행문에 생아발요生芽發曜라 하였다.

항상 여래의 적정하고 묘한 음성을 연설하여
널리 같을 수 없는 큰 환희를 내어
그들의 견해와 욕망을 따라 다 하여금 깨닫게 하시니
이것은 가의뇌음[161] 주림신이 행한 바 법입니다.

여래가 대신통을 시현하여
시방의 국토에 다 두루하게 하여
부처님이 옛날에 수행하신 것을 다 하여금 보게 하시니
이것은 보변향광[162] 주림신이 들어간 바 법문입니다.

중생이 간사하고 교활하여[163] 공덕을 닦지 않고
미혹하여 생사 가운데 빠져 유전하기에
저들을 위하여 수많은 지혜의 도를 밝혀 여시니
이것은 묘광형요 주림신이 본 바입니다.

부처님이 업장의 모든 중생을 위하여
억 세월이 지난 그때에도 이에 나타나실 것이며,
그 나머지는 지금 생각만 하면 항상 하여금 보게 하시나니
이것은 화과미광[164] 주림신이 관찰한 바입니다.

---

161 가의뇌음이란, 장행문에는 가의뇌성이라 하였다.
162 보변향광이란, 장행문에는 향광보변이라 하였다.
163 원문에 譣은 간사할 험이다. 詀는 교활할 피이다.
164 미광은, 장행문에 화과광미라 하였다.

經

復次 寶峯開華主山神은 得入大寂定光明하는 解脫門하며

다시 보봉개화 주산신은[165] 큰 적정광명에 들어가는 해탈문을 얻었으며,

疏

第十三은 主山神이니 十法이라 一은 寂而常照일새 故로 光無不闡이라

제 열세 번째는 주산신이니
십법이 있다.
첫 번째는 적정하지만 항상 비추기에 그런 까닭으로 광명이 열리지 아니함이 없는 것이다.

---

165 보봉개화 주산신 이하는 제 여덟 번째 동진주에 속한다.

經

華林妙髻主山神은 得修習慈善根하야 成熟不可思議數衆生케 하는 解脫門하며

화림묘계 주산신은 자비의 선근을 닦아 익혀 가히 사의할 수 없는 수의 중생을 성숙케 하는 해탈문을 얻었으며,

疏

二는 相光熟機가 皆慈善根力이니 如涅槃廣明하니라

두 번째는 상호와 광명으로 중생의 근기를 성숙케 하는 것이 다 자비의 선근력이니,
『열반경』에서 폭넓게 밝힌 것과 같다.[166]

---

166 『열반경』에서 폭넓게 밝힌 것과 같다고 한 것은, 『열반경』 제15경에 자비의 선근력에 대하여 폭넓게 밝혔다. 영인본 화엄 3책, p.156, 8행 초문에 이미 나온 바 있다.

> 經

高幢普照主山神은 得觀察一切衆生의 心所樂하야 嚴淨諸根케 하는 解脫門하며

고당보조 주산신은 일체중생이 마음에 좋아하는 바를 관찰하여 제근諸根을 장엄하고 청정케 하는 해탈문을 얻었으며,

> 疏

三은 修因嚴根은 本爲順物이니 故로 矚蓮目而欣樂하며 覩月面而歡心하며 或見諸根이 一一皆周法界하고 喜益深矣니라

제 세 번째는 인행因行을 닦아 제근을 장엄하는 것은 본래 중생을 수순하기 위한 것이니,
그런 까닭으로 청련青蓮의 눈[167]을 보고 기뻐하고 좋아하며,
달의 얼굴[168]을 보고 마음에 환희하며,
혹은 제근이 낱낱이 다 법계에 두루함을 보고 환희함이 또한 깊은 것이다.

---

167 청련青蓮의 눈이란, 부처님의 눈이다.
168 달의 얼굴이란, 부처님의 얼굴이다.

ⓔ

離塵寶髻主山神은 得無邊劫海에 勤精進無厭怠하는 解脫門하며

이진보계 주산신은 끝없는 세월의 바다에 부지런히 정진하지만 싫어하거나 게으름이 없는 해탈문을 얻었으며,

ⓢ

四는 如空不染일새 故로 長劫無怠니라

네 번째는 허공과 같아 물들지 않기에 그런 까닭으로 긴 세월토록 게으름이 없는 것이다.

◯經

光照十方主山神은 得以無邊功德光으로 普覺悟케하는 解脫門하며

광조시방 주산신은 끝없는 공덕의 광명으로써 널리 깨닫게 하는 해탈문을 얻었으며,

◯疏

五는 癡故長眠이니 唯福智之能覺이라

다섯 번째는 어리석은 까닭으로 길이 잠자나니
오직 복덕과 지혜로만 능히 깨달을 수 있는 것이다.

○ 經

大力光明主山神은 得能自成熟하고 復令衆生으로 捨離愚迷行케하는 解脫門하며

대력광명 주산신은 능히 스스로 성숙하고 다시 중생으로 하여금 어리석고 미한 행위를 버리게 하는 해탈문을 얻었으며,

威光普勝主山神은 得拔一切苦하야 使無有餘케하는 解脫門하며

위광보승 주산신은 일체 고통을 뽑아서 하여금 남음이 없게 하는 해탈문을 얻었으며,

微密光輪主山神은 得演敎法光明하야 顯示一切如來功德하는 解脫門하며

미밀광륜 주산신은 교법의 광명을 연설하여 일체 여래의 공덕을 현시하는 해탈문을 얻었으며,

○ 疏

次三은 可知라

다음에 세 가지는 가히 알 수가 있을 것이다.

經

普眼現見主山神은 得令一切衆生으로 乃至於夢中에도 增長善根케하는 解脫門하며

보안현견 주산신은 일체중생으로 하여금 내지 꿈 가운데서도 선근을 증장케 하는 해탈문을 얻었으며,

疏

九는 若睡若寤거나 皆令聞法進行이 斯爲佛業이라 如大瓔珞經說호대 過去有佛하야 凡欲說法에 令大衆眠케하고 夢中說法하야 令增善根하야 覺得道果호리라하며 涅槃亦云호대 其人夢中에 見羅刹像等이라하니 亦表萬法皆夢으로 大夢之夜에 必有大覺之明이라

아홉 번째는 혹 잠을 자거나 깨어나거나 다 하여금 법문을 듣고 나아가 수행하게 하는 것이 이것이 부처님의 업이 되는 것이다. 저 『대영락경』[169]에 말하기를 과거에 부처님이 계셔서 무릇 법을 설하고자 하심에 대중으로 하여금 잠자게 하시고, 꿈 가운데 법을

---

169 『대영락경』은 『보살영락본업경』이다. 2권으로 요진 축불념이 번역하였고, 원효스님의 소疏 2권이 있다. 내용은 42현성위를 밝히고, 특히 하권 대중수학품에서는 삼취정계와 십중금계를 말하고 있어 예로부터 『범망경』과 함께 대승계의 근간으로 삼아 왔다.

설하여 하여금 선근을 증장하여 깨어남에 도과道果를 얻게 할 것이다
하였으며,
『열반경』에 또한 말하기를 그 사람이 꿈 가운데 나찰[170]의 형상을
보는 등이라 하였으니,
또한 만법이 다 꿈으로 큰 꿈을 꾸는 밤에 반드시 큰 깸의 밝음이
있음을 표한 것이다.

鈔

涅槃亦云호대 其人夢中에 見羅刹像은 卽當第九菩薩品이니 迦葉菩
薩이 白佛言호대 世尊이시여 云何未發菩提心者로 得菩提因이닛가
佛告迦葉하사대 若有聞是大涅槃經하고 言我不用發菩提心이라하
야 誹謗正法하면 是人은 卽於夢中에 見羅刹像하고 心中怖懼하리라
羅刹語言호대 咄善男子야 汝今若不發菩提心하면 當斷汝命이라한
대 是人惶怖하야 寤已에 卽發菩提之心하나니라 是人命終하야 若在三
趣거나 及在人天이라도 續復憶念菩提之心하면 當知하라 是人은 名
大菩薩摩訶薩也라하니라

『열반경』에 또한 말하기를 그 사람이 꿈 가운데 나찰의 형상을
보았다고 한 것은 곧 『열반경』 제구권 보살품[171]에 해당하나니,

---

170 나찰이란, 여래가 교화할 바 존재이다고 『잡화기』는 말한다.
171 제구권 여래성품이라고 한 것은 제구권 보살품의 잘못이라 고친다. 여래성품
  은 제팔권이다. 모두 다 가섭보살과의 대화이다. 따라서 착각하였을 것이다.

가섭보살이 부처님께 여쭈어 말하기를 세존이시여, 어떻게 하면 아직까지 보리심을 일으키지 아니한 사람으로 보리의 인연을 얻게 하겠습니까.

부처님이 가섭보살에게 말씀하시기를 만약 어떤 사람이 이 『대열반경』을 듣고 말하기를 나는 보리심을 일으켜야 소용이 없다 하여 정법을 비방한다면, 이 사람은 곧 꿈 가운데 나찰의 형상을 보고 마음 가운데 두려워할 것이다.

그때 나찰[172]이 말하기를 돌돌[173] 선남자야, 그대가 지금 만약 보리심을 일으키지 않는다면 마땅히 그대의 목숨을 끊을 것이다 한데, 이 사람이 두려워서 잠을 깬 이후에 곧 보리의 마음을 일으켰다. 이 사람이 목숨이 끝나 만약 삼악취에 있거나 급기야 인간과 천상에 있을지라도 계속하여 다시 보리의 마음을 기억하고 생각한다면 마땅히 알아라.

이 사람은 이름이 대보살마하살이라 할 것이다 하였다.

한글대장경 53권 열반부 1, p.164, 상단에 있다.
[172] 나찰은 곧 부처님이 화현시킨 사람이다.
[173] 돌돌은 꾸짖는 소리이다.

經

金剛堅固眼主山神은 得出現無邊大義海하는 解脫門하니라

금경견고안 주산신은 끝없는 큰 뜻의 바다를 출현하는 해탈문을 얻었습니다.

疏

十은 稱性法門을 無邊大義요 一音能演을 是出現也라

열 번째는 자성에 칭합한 법문을 끝없는 큰 뜻이라 하고, 일음一音으로 능히 연설하는 것을 출현이라 하는 것이다.

經

爾時에 開華匝地主山神이 承佛威力하야 普觀一切主山神衆하고 而說頌言호대

往修勝行無有邊일새　今獲神通亦無量하며
法門廣闢如塵數하사　悉使衆生深悟喜이니다

衆相嚴身遍世間케하시고　毛孔光明悉淸淨케하사
大慈方便示一切하시니　華林妙髻悟此門이니다

佛身普現無有邊하사　十方世界皆充滿케하시며
諸根嚴淨見者喜케하시니　此法高幢能悟入이니다

歷劫勤修無懈倦하고　不染世法如虛空하사
種種方便化群生하시니　悟此法門名寶髻이니다

衆生盲暗入險道어늘　佛哀愍彼舒光照하사
普使世間從睡覺케하시니　威光悟此心生喜이니다

昔在諸有廣修行하사대　供養刹塵無數佛하시고
令衆生見發大願케하시니　此地大力能明入이니다

見諸衆生流轉苦와　　一切業障恒纏覆하시고
以智慧光悉滅除케하시니 此普勝神之解脫이니다

一一毛孔出妙音하사　　隨衆生心讚諸佛하야
悉遍十方無量劫하시니　此是光輪所入門이니다

佛遍十方普現前하사　　種種方便說妙法하야
廣益衆生諸行海케하시니 此現見神之所悟이니다

法門如海無邊量거늘　　一音爲說悉令解시나
一切劫中演不窮하시니　入此方便金剛目이니다

그때 개화잡지[174] 주산신이 부처님의 위신력을 받아 널리 일체 주산신의 대중을 관찰하고 게송을 설하여 말하기를,

지나간 옛날에 수승한 행을 닦은 것이 끝이 없었기에
지금에 신통을 얻은 것도 또한 한량이 없으시며
또한 법문을 널리 열기를 티끌 수와 같이 하여
다 중생으로 하여금 깊이 깨달아 환희케 하십니다.

수많은 상호로 몸을 장엄하여 세간에 두루하게 하시고

---

174 개화잡지는, 장행문에 보봉개화寶峰開華라 하였다.

털구멍에 광명을 다 청정케 하여
대비의 방편으로 일체중생에게 시현하시니,
화림묘계 주산신이 이 법문을 깨달았습니다.

부처님이 몸을 널리 나타내기를 끝없이 하여
시방세계에 다 넘쳐나게 하시며
제근諸根을 장엄하고 청정케 하여 보는 이로 하여금 기쁘게 하시니
이 법문은 고당보조 주산신이 능히 깨달아 들어갔습니다.

끝없는 세월토록 부지런히 수행하여 게으름이 없고
세간의 법에 물들지 않는 것이 허공과 같아서
가지가지 방편으로 중생을 교화하시니
이 법문을 깨달은 이는 이름이 이진보계 주산신입니다.

중생이 눈이 어두워 험난한 길에 들어가거늘
부처님이 저들을 어여삐 여겨 광명을 펴 비추어서
널리 세간으로 하여금 잠으로부터 깨어나게 하시니
위광조[175]시방 주산신이 이 법문을 깨달아 마음에 환희를 내었습니다.

지나간 옛날에 제유諸有에 있으면서 널리 수행하시되
티끌 수만치 많은 수없는 부처님께 공양하시고

---

[175] 위광조는, 장행문에는 다만 광조光照라고만 하였다.

중생으로 하여금 보게 하여 큰 서원을 일으키게 하시니
이 지위는 대력광명 주산신이 능히 분명하게 들어갔습니다.

모든 중생이 유전하는 고통과
일체 업장이 항상 얽어 덮음을 보시고
지혜광명으로써 다 멸제케 하시니
이것은 위광보승 주산신의 해탈입니다.

낱낱 털구멍에 묘한 음성을 내시어
중생의 마음을 따라 모든 부처님을 찬탄하여
다 시방에 두루하게 하길 한량없는 세월토록 하시니
이것은 미밀광륜 주산신이 들어간 바 법문입니다.

부처님이 시방에 두루하여 널리 그들 앞에 나타나
가지가지 방편으로 묘한 법을 연설하여
널리 중생의 모든 선행의 바다를 증익케 하시니[176]
이것은 보안현견 주산신이 깨달은 바입니다.

법문이 바다와 같아 끝도 한량도 없거늘
일음一音으로 설하여 다 하여금 알게 하시지만
일체 세월 가운데 연설하심이 끝이 없으시니

---

176 원문에 광익중생제행해廣益衆生諸行海라고 한 것은, 장행문에는 영일체중생
令一切衆生으로 증장선근增長善根이라 하였다.

이 방편에 들어간 이는 금강견고목[177] 주산신입니다.

---

177 원문에 금강목金剛目은, 장행문에 금강견고안金剛堅固眼이라 하였다.

經

復次 普德淨華主地神은 得以慈悲心으로 念念普觀一切衆生하는 解脫門하며

다시 보덕정화 주지신은[178] 자비심으로써 생각 생각에 널리 일체중생을 관찰하는 해탈문을 얻었으며,

疏

第十四는 主地神이니 十法이라 一은 念念無間하야 平等普觀하며 修慈護法일새 故得金剛之體니 金剛은 卽內照之實也니라

제 열네 번째는 주지신이니
십법이 있다.
첫 번째는 생각 생각에 간단없이 평등하게 널리 관찰하며 자비를 닦고 정법을 수호하기에 그런 까닭으로 금강의 몸을 얻나니, 금강은 곧 안을 비추는 실체이다.

鈔

修慈護法일새 故得金剛之體는 亦涅槃意라 彼第三問云호대 云何得長壽金剛不壞身이닛가할새 故以長壽品으로 答長壽問하사대 由不

---
[178] 보덕정화 주지신 이하는 제 일곱 번째 불퇴주에 속한다.

殺及施僧之食하야 爲因이라하시고 金剛身品으로 答金剛不壞身問
하사대 因於護法이라하니라 故로 經初에 明金剛身義云호대 爾時에
世尊이 復告迦葉하사대 善男子야 如來身者는 是常住身이며 不可壞
身이며 金剛之身이니 非雜食身이요 卽是法身이라하니라 下에 迦葉難
거늘 次如來가 廣答金剛身相하시니라 後에 迦葉이 徵因云호대 唯然이
니다 世尊이시여 如來法身은 金剛不壞로대 而未能知所因云何이니다
佛告迦葉하사대 以能護持正法因緣일새 故得成就是金剛身이니라
迦葉아 我於往昔에 護法因緣으로 今得成就是金剛身하야 常住不壞
하니라 善男子야 護持正法者는 不受五戒하며 不修威儀하고 應持刀
劍과 弓箭矛矟하야 守護持戒淸淨比丘라하니라 此後에 廣說護法之
相하시고 便引往昔하사대 此拘尸城에 有歡喜增益如來의 末法之中
에 覺德比丘하야 能師子吼러니 爲破戒比丘에 刀杖所逼이라 時有國
王하니 名爲有德이라 與破戒比丘로 共戰이러니 時王被鎗하야 擧身
周遍거늘 覺德讚王한대 王聞法已하고 卽便命終하야 生阿閦佛國하
야 爲彼如來第一弟子하고 覺德比丘는 却後壽終하야 亦生彼國하야
爲第二弟子라하니 故知能護가 功高所護니라

자비를 닦고 정법을 수호하기에 그런 까닭으로 금강의 몸을 얻는다
고 한 것은 역시 『열반경』의 뜻이다.
저 『열반경』 제삼권[179]에 물어 말하기를 어떻게 하면 장수하고 금강처

---

[179] 『열반경』 제삼권을 제이권이라 한 것은 잘못이고, 이 제삼권 안에 장수품과
금강신품이 들어 있다. 장수품이 먼저 있고 금강신품이 뒤에 있다.

럼 무너지지 않는 몸을 얻습니까 하기에, 그런 까닭으로 장수품으로써 장수에 대한 물음에 답하시기를 죽이지 않고 그리고 승단에 보시한 음식을 인유하여 원인이 되었다 하시고, 금강신품으로써 금강처럼 무너지지 않는 몸에 대한 물음에 답하시기를 정법을 호지함으로 원인이 되었다 하셨다.
그런 까닭으로 경초에 금강신의 뜻을 밝혀 말하기를 그때에 세존이 다시 가섭보살에게 말씀하시기를 선남자야, 여래의 몸은 이 상주하는 몸이며
무너지지 않는 몸이며
금강의 몸이니
잡식의 몸이 아니고 곧 법신이라 하였다.
이 아래에 가섭보살이 다시 묻거늘, 차례로 여래가 금강신의 모습을 폭넓게 답하시었다.
그 뒤에 가섭보살이 금강의 몸을 얻은 원인을 물어 말하기를 예, 그렇습니다. 세존이시여, 여래의 법신은 금강처럼 무너지지 않는 줄 알지만 그러나 아직도 능히 원인하는 바가 어떠한지를 알지 못하겠습니다.
부처님이 가섭보살에게 말씀하시기를 능히 정법을 호지한 인연이기에 그런 까닭으로 이 금강의 몸을 성취함을 얻은 것이다.
가섭아, 내가 지나간 옛날에 정법을 호지한 인연으로 지금에 이 금강의 몸을 성취함을 얻어 항상 머물러 무너지지 않는 것이다.
선남자[180]야, 정법을 호지하는 사람은 오계五戒를 받지도 아니하며 위의威儀를 닦지도 아니하고 응당 칼과 활과 창을 가져 계戒를 가지는

청정한 비구를 수호해야 한다 하시었다.

이 뒤에 정법을 수호하는 모습을 폭넓게 설명하시고, 문득 지나간 옛날의 일을 인용하시기를 이 구시라拘尸羅성에 환희증익여래의 말법 가운데 각덕이라는 비구가 있어 능히 사자후를 하더니, 파계한 비구에게 칼과 몽둥이로 핍박받는 바가 되었다. 그때 국왕이 있었는데 이름이 유덕有德이다. 그 파계한 비구로 더불어 같이 싸우더니, 그때에 왕이 칼에 상처를 입어 온몸에 두루하거늘, 각덕비구가 왕을 칭찬한데 왕이 법문을 들어 마치고 곧 문득 목숨이 마쳐 아촉부처님의 나라에 태어나 저 아촉여래의 첫 번째 제자가 되었고, 각덕비구는 도리어 뒤에 목숨이 마쳐 역시 저 아촉여래의 나라에 태어나 제 두 번째 제자가 되었다 하였으니,

그런 까닭으로 능히 보호하는 자의 공덕이 보호를 받는 자[181]의 공덕보다 높은 줄 알아야 할 것이다.

生公이 釋金剛身云호대 長壽之與金剛은 皆共談丈六이나 但內外之異니 長壽는 與外應之跡이요 金剛은 與內照之實이라 實照體圓일새 故無方也라하니라 然則長壽金剛은 並義通內外니라 而金色示滅일새 故로 以實照爲常거니와 實則至妙之色이라도 亦常不變矣니라 然이나 長壽는 對於凡夫之夭促이요 金剛은 對凡身之危脆니 故로 無長無短하야사 方爲長壽라하고 非實非虛하야사 始曰金剛이라하니라 而

---

180 선남자란, 여기서는 가섭 등을 말한다.
181 보호하는 자는 왕이고, 보호를 받는 자는 각덕비구이다.

推其因인댄 由護法者가 護法하야 令法久住일새 獲法身矣라하니라
今疏文中에 言修慈護法者는 護法은 卽涅槃文이요 修慈는 卽今偈意
니라

도생법사가[182] 금강의 몸을 해석하여 말하기를 장수의 몸과 더불어
금강의 몸은 다 함께 장육금신을 말한 것이지만 다만 안과 밖이
다를 뿐이니
장수의 몸은 밖으로 더불어 응하는 자취요,

---

182 생공生公 운운은, 여기 처음으로 좇아 무방야(영인본 화엄 3책, p.184, 9행)에
이르기까지는 다 저 생공의 해석이고, 그 바로 아래 그러한즉 장수와 금강이
라고 한 아래는 소가의 결단이다. 처음 가운데 안으로 실체를 비추는 몸(영인
본 화엄 3책, p.184, 8행)이라 운운한 것은 이 위에는 곧 장수는 밖으로 응화應化
함을 잡고 금강은 안으로 비춤을 잡은 것이어니와, 여기는 곧 장수와 금강이
다 밖으로 응하고 안으로 비춤에 통하는 것이다. 안으로 실체를 비추는
몸이 이미 원만한즉, 오직 안으로 비출 뿐만 아니라 또한 능히 밖으로도
응화하는 것이니 후득지가 근기를 관찰하여 법을 주는 것과 같은 까닭이요,
또 반드시 장수하여 몸을 부지하여야 바야흐로 능히 응화하며 또한 능히
안으로 비추는 까닭이다. 그러나 이 말이 없는 것은 뜻으로 쉽게 볼 수
있는 까닭이다. 두 곳(장수와 금강)에서 다 여(與 - 즉 장수는 여외응與外應,
금강은 여내조與內照)라고 말한 것은 여與 자는 예預 자와 같다. 뒤에 가운데
처음에는(그러나 곧 장수 이하) 바로 생공이 다 안과 밖의 뜻에 통한다고
한 것을 결단한 것이다. 그러나 금색신이라고 한 아래는 금색신이 또한
금강의 뜻이 있음을 겸하여 나타낸 것이니, 말하자면 쌍림에서 열반 보임을
인연하기에 그런 까닭으로 생공이 다만 조지(照智 - 內照智)로써 금강을 삼고
색신이 이 금강이라고 말하지 않았거니와, 그 진실인즉 여래의 색신이 곧
이 상신법신이니 또한 금강신도 되는 것이다. 역시 『잡화기』의 말이다.

금강의 몸은 안으로 더불어 비추는 실체이다.
안으로 실체를 비추는 몸이 원만하기에 그런 까닭으로 밖으로 응하는 방소가 없다 하였다.
그렇다면[183] 곧 장수의 몸과 금강의 몸은 아울러 뜻이 안과 밖에 통하는 것이다.[184]
그러나 금색신은 적멸을 보이기에 그런 까닭으로 실체를 비춤으로써 영원함을 삼거니와, 실체는 곧 묘한 색신에 이르러도 또한 영원히 변하지 않는 것이다.
그러나 장수의 몸은[185] 범부의 요절[186]하는 몸을 상대한 것이고, 금강의 몸은 범부의 위태하고 연약한[187] 몸을 상대한 것이니, 그런 까닭으로 긴 것도 없고 짧은 것도 없어야 바야흐로 장수의

---

183 그렇다면이라고 한 아래는 소가의 해석이다.『잡화기』도 그렇다면 이하는 소가의 결단이라 하였다.
184 뜻이 안과 밖에 통한다고 한 것은, 내조內照와 외응外應에 다 통한다는 것이다.
185 그러나 장수의 몸이라고 운운한 것은, 이 위에는 곧 고인(도생법사)의 해석을 결단한 것이고 여기는 곧 청량스님 자기의 뜻을 편 것이니, 대개 생공은 곧 장수와 금강으로써 함께 화신을 가리키되 다만 범부의 요절하는 몸을 상대하여 장수라 말하고, 범부의 연약한 몸을 상대하여 금강이라 말한 것일지언정 곧 진장수의 몸과 진금강의 몸이 아닌 까닭으로 스스로 장수와 금강으로써 그 뜻에 법신과 보신의 몸을 가리킨 것이다. 이상은『잡화기』의 말이나 진장수란 길고 짧은 것이 없는 것이고, 진금강이란 실체도 허상도 없는 것이다.
186 요촉夭促은 장수하지 못하고 단명하는 것을 말한다.
187 脆는 연할 취이다.

몸이라 하고,
실체도 없고 허상도 없어야 비로소 금강의 몸이라 할 것이다.
그 원인을 미루어 보면 정법을 수호하는 사람이 정법을 수호하여 정법으로 하여금 오래 머물게 함을 인유하기에 법신을 얻는다[188] 한 때문이다.

지금 소문 가운데 자비를 닦고 정법을 수호한다고 말한 것은, 정법을 수호한다고 한 것은 곧 『열반경』의 문장이요,
자비를 닦는다고 한 것은 곧 지금 경에 게송의 뜻이다.

---

188 법신을 얻는다고 한 것은 위에 인용한 『열반경』을 뜻으로 인용한 것이니, 소문(영인본 화엄 3책, p.183)에 금강의 몸을 얻는다고 한 이후의 말을 인용한 것이다. 호護 자는 획獲 자가 좋다.
『금강경』에만 획법신獲法身이라 하였으니, 차본此本은 『금강경』이다. 위에 금강신을 법신이라 하고, 정법호지로正法護持로 득성취금강신이라 하였으니 획獲 자가 좋다.
그러나 호법신護法身은 소문에 호법護法이라는 말을 인용한 듯하나, 바로 뒤에 득금강지체得金剛之體라는 말이 있기에 획獲 자가 좋다는 것이다. 즉 득금강지체得金剛之體는 획법신獲法身이라는 뜻이다. 다시 말하면 득得 자는 획獲 자이고, 금강지체金剛之體는 법신法身이라는 것이다.

經

堅福莊嚴主地神은 得普現一切衆生福德力의 解脫門하며

견복장엄 주지신은 널리 일체중생의 복덕을 나타내는 힘의 해탈문을 얻었으며,

疏

二는 一毛福力으로 頓現衆福이라

두 번째는 부처님의 한 털구멍에 복덕의 힘으로 문득 수많은 복덕을 나타내는 것이다.

Ⓔ

妙華嚴樹主地神은 得普入諸法하야 出生一切佛刹莊嚴하는 解脫門하며

묘화엄수 주지신은 널리 모든 법문[189]에 들어가서 일체 부처님 국토의 장엄을 출생하는 해탈문을 얻었으며,

Ⓢ

三은 證入無生이나 不礙嚴刹이라

세 번째는 무생[190]법인에 증득하여 들어갔지만 국토를 장엄함에 걸림이 없는 것이다.

---

189 모든 법문이라고 한 것은, 게송에 적정삼마지라 하였다. 영인본 화엄 3책, p.188, 9행에 있다.
190 무생이라고 한 것은, 게송에 불생불멸무거래不生不滅無去來라 하였다. 역시 영인본 화엄 3책, p.188, 9행에 있다.

經

普散衆寶主地神은 得修習種種諸三昧하야 令衆生으로 除障垢
케하는 解脫門하며

보산중보 주지신은 가지가지 모든 삼매를 닦아 익혀 중생으로
하여금 업장의 때를 제멸케 하는 해탈문을 얻었으며,

疏

四는 一向爲他니라

네 번째는 한결같이 다른 사람[191]을 위한 것이다.

---

191 다른 사람이란, 중생을 말한다.

> 經

淨目觀時主地神은 得令一切衆生으로 常遊戱快樂케하는 解脫門하며

정목관시 주지신은 일체중생으로 하여금 항상 쾌락에 노닐게 하는 해탈문을 얻었으며,

> 疏

五는 觀機出現을 名爲遊戱니라

다섯 번째는 근기를 관찰하여 출현하는 것을 이름하여 노닌다(遊戱)고 하는 것이다.

經

金色妙眼主地神은 得示現一切淸淨身하야 調伏衆生하는 解脫門하며

금색묘안 주지신은 일체 청정한 몸을 시현하여 중생을 조복하는 해탈문을 얻었으며,

疏

六는 現淨惑身하야 方調物惑이니라

여섯 번째는 미혹을 깨끗이 한 몸[192]을 나타내어 바야흐로 중생의 미혹을 조복하는 것이다.

---

[192] 미혹을 깨끗이 한 몸이란, 경문에 청정한 몸이라 한 것이다.

> 經

香毛發光主地神은 得了知一切佛功德海에 大威力하는 解脫門하며

향모발광 주지신은 일체 부처님의 공덕의 바다에 대위신력을 요달하여 아는 해탈문을 얻었으며,

> 疏

七은 內具德海하야 現威力身호미 如地含海潤하야 發生百穀하나니 百穀苗稼가 皆地香毛故니라

일곱 번째는 안으로 공덕의 바다를 구족하여 위신력의 몸을 나타내는 것이 마치 땅이 함유하고 바다가 윤택하여 백 가지 곡식을 발생하는 것과 같나니,
백 가지 곡식과 곡식의 싹[193]이 다 땅의 향모香毛인 까닭이다.

---

193 묘가苗稼는, 본래 벼의 모이다.

經

寂音悅意主地神은 得普攝持一切衆生言音海하는 解脫門하며

적음열의 주지신은 널리 일체중생의 말과 음성의 바다를 섭수하여 가지는 해탈문을 얻었으며,

疏

八은 長行은 一言盡攝無餘하고 偈頌은 則一言普遍無極이라

여덟 번째는 장행에는 한마디(一言)[194]로 다 섭수하여 남음이 없게 하는 것이고,
게송에는 곧 한마디[195]가 널리 두루하여 종극이 없게 하는 것이다.

---

194 원문에 일언―言은, 게송에는 적음寂音이라 하였다.
195 원문에 일언―言은, 게송에는 묘음妙音이라 하였다.

經

妙華旋髻主地神은 得充滿佛刹하야 離垢性하는 解脫門하며

묘화선계 주지신은 불꽃 구름을 부처님의 국토에 넘쳐나게 하여 때를 떠나게 함으로 자성을 삼는 해탈문을 얻었으며,

疏

九는 焰雲普遍케하야 令物離垢로 爲性이라

아홉 번째는 향불 구름을 널리 두루하게 하여 중생으로 하여금 때를 떠나게 함으로 자성을 삼은 것이다.

經

金剛普持主地神은 得一切佛法輪所攝持로 普出現하는 解脫門하니라

금강보지 주지신은 일체 부처님의 법륜으로 섭수하여 가진 바로 널리 출현하는 해탈문을 얻었습니다.

疏

十은 法能攝持心行은 如金剛之輪이요 佛則不動現世는 若須彌出海니라

열 번째는 법륜으로 능히 섭수하여 가지는 심행心行은 마치 금강의 바퀴와 같고,
부처님이 곧 움직이지 않고 세간에 출현한 것은 마치 수미산이 바다에 출현한 것과 같은 것이다.

> 經

爾時에 普德淨華主地神이 承佛威力하야 普觀一切主地神衆하고 而說頌言호대

그때 보덕정화 주지신이 부처님의 위신력을 받아 널리 일체 주지신의 대중을 관찰하고 게송을 설하여 말하기를,

> 疏

此下頌中에도 亦有二句로 結法屬人하니 可以意得이라

이 아래 게송 가운데도 또한 두 구절로 법을 맺고 사람에게 소속시킨[196] 곳이 있나니,
가히 뜻으로 체득할 것이다.

---

196 또한 두 구절로 법을 맺고 사람에게 소속시켰다고 한 것은, 앞에서는 앞에 삼구三句로 법을 맺고 뒤에 일구一句로 사람에게 소속시켰지만, 여기 게송에는 앞에 이구二句로 법을 맺고 뒤에 이구二句로 사람에게 소속시킨 곳이 있다는 것이다. 즉 영인본 화엄 3책, p.189의 다섯 게송이 그것이고, 이 뒤로도 이와 같은 예가 많이 나온다.

經

如來往昔念念中에　　大慈悲門不可說이니
如是修行無有已일새　　故得堅牢不壞身이니다

三世衆生及菩薩이　　所有一切衆福聚를
悉現如來毛孔中하시니　　福嚴見已生歡喜이니다

廣大寂靜三摩地는　　不生不滅無來去나
嚴淨國土示衆生하시니　　此樹華神之解脫이니다

佛於往昔修諸行은　　爲令衆生消重障이시니
普散衆寶主地神이　　見此解脫生歡喜이니다

如來境界無邊際하사　　念念普現於世間하시니
淨目觀時主地神이　　見佛所行心慶悅이니다

妙音無限不思議는　　普爲衆生滅煩惱시니
金色眼神能了悟하야　　見佛無邊勝功德이니다

一切色形皆化現하사　　十方法界悉充滿케하시니
香毛發光常見佛이　　如是普化諸衆生이니다

妙音普遍於十方하사　　無量劫中爲衆說하시니
悅意地神心了達하야　　從佛得聞深敬喜이니다

佛毛孔出香焰雲하사　　隨衆生心遍世間하야
一切見者皆成熟케하시니　此是華旋所觀處이니다

堅固難壞如金剛하고　　不可傾動逾須彌하사
佛身如是處世間하시니　普持得見生歡喜이니다

여래의 지나간 옛날 생각 생각 가운데
큰 자비의 문은 가히 말할 수 없나니
이와 같은 수행을 그침이 없이 하였기에
그런 까닭으로 견고하여 무너지지 않는 몸을 얻었습니다.

삼세에 중생과 그리고 보살이
소유한 일체 수많은 복덕의 뭉치를
다 여래의 털구멍 가운데서 나타내시니
견복장엄 주지신이 보아 마치고 환희심을 내었습니다.

광대하고 적정한 삼마지三摩地는
난 적도 없고 멸한 적도 없고, 온 적도 간 적도 없지만
국토를 장엄하고 청정하게 하여 중생에게 보이시니
이것은 묘화엄수 주지신의 해탈입니다.

부처님이 지나간 옛날에 모든 행을 닦으신 것은
중생으로 하여금 무거운 장애를 소멸케 하기 위함이시니
보산중보 주지신이
이 해탈을 보고 환희심을 내었습니다.

여래의 경계는 끝이 없어서
생각 생각에 널리 세간에 나타내시니
정목관시 주지신이
부처님이 행하신 바를 보고 마음에 경사하고 기뻐하였습니다.

묘한 음성이 한량이 없고 사의할 수 없는 것은
널리 중생으로 번뇌를 소멸케 하기 위함이시니
금색묘안 주지신이 능히 깨달아
부처님의 끝없는 수승한 공덕을 보았습니다.

일체 색신의 형상을 다 화현하여
시방 법계에 다 넘쳐나게 하시니
향모발광 주지신이 항상 부처님이
이와 같이 널리 모든 중생을 교화하심을 보았습니다.

묘한 음성을 널리 시방에 두루하게 하여
한량없는 세월 가운데 중생을 위하여 설하시니
적음열의 주지신이 마음에 요달하여

부처님으로 좇아 듣고 깊이 공경하며 환희를 얻었습니다.

부처님의 털구멍에 향불 구름을 내어
중생의 마음을 따라 세간에 두루하여
일체 보는 사람으로 다 성숙케 하시니
이것은 묘화선계 주지신이 관찰한 바 처소입니다.

견고하여 무너뜨리기 어려운 것을 금강과 같이 하고
가히 기울어 움직이지 않는 것을 수미산을 넘는[197] 듯이 하여
부처님이 몸을 이와 같이 세간에 거처하시니
금강보지 주지신이 이것을 보고 환희심을 내었습니다.

---

[197] 수미산을 넘는다고 한 것은, 태산처럼 움직이지 않는 것이 수미산보다 더하다는 것이다.

經

復次 寶峯光耀主城神은 得方便利益衆生케하는 解脫門하며

다시 보봉광요 주성신은[198] 방편으로 중생을 이익케 하는 해탈문을 얻었으며,

疏

第十五는 主城神이니 十法이라 有云호대 脫第九法이라하나 十頌 具足하니라 一은 光等方便으로 成熟利益이라

제 열다섯 번째는 주성신이니
십법이 있다.
어떤 사람이 말하기를 제 아홉 번째 법문이 빠졌다 하였으나 열 가지 게송은 구족하였다.
첫 번째는 광명 등의 방편으로 성숙케 하고 이익케 하는 것이다.

---

[198] 보봉광요 주성신 이하는 제 여섯 번째 정심주에 속한다.

經

妙嚴宮殿主城神은 得知衆生根하야 敎化成熟케하는 解脫門하며

묘엄궁전 주성신은 중생의 근성을 알아서 교화하고 성숙케 하는 해탈문을 얻었으며,

疏

二는 應病與藥하야 令得服行이라

두 번째는 병에 응대하여 약을 주어서
하여금 복용(服行)함을 얻게 하는 것이다.

經

淸淨喜寶主城神은 得常歡喜하야 令一切衆生으로 受諸福德케 하는 解脫門하며

청정희보 주성신은 항상 환희를 얻어서 일체중생으로 하여금 모든 복덕을 받게 하는 해탈문을 얻었으며,

疏

三은 護法法存하면 則物受福德이니 敎理行果를 皆有護也니라

세 번째는 법을 호지하고 법을 보존하면 곧 중생들이 복덕을 받을 것이니,
교敎·리理·행行·과果를 다 호지함이 있어야 할 것이다.

鈔

敎理行果를 皆有護也者는 有毁謗敎어든 不惜身命하고 折伏護持가 爲護敎也요 得旨契理가 便爲護理요 修行無缺이 卽爲護行이요 此三若護하야 正覺果圓이 卽爲護果니라

교리행과를 다 호지함이 있어야 할 것이라고 한 것은 교敎를 훼방함이 있거든 신명을 아끼지 않고 절복하여 호지하는 것이 교敎를

호지함이 되는 것이요,

뜻을 얻어 경에 계합하는 것이 곧 이理를 호지함이 되는 것이요,

수행을 하되 이지러짐이 없게 하는 것이 곧 행行을 호지함이 되는 것이요,

이 세 가지를 호지함과 같이 정각의 과보를 원만하게 하는 것이 곧 과果를 호지함이 되는 것이다.

◉ 經

離憂淸淨主城神은 得救諸怖畏하는 大悲藏의 解脫門하며

이우청정 주성신은 모든 두려움에서 구호하는 대비의 창고의 해탈문을 얻었으며,

◉ 疏

四는 悲救無盡을 名藏이라

네 번째는 대비로 구호하기를 끝없이 하는 것을 이름하여 창고라 하는 것이다.

經

華燈焰眼主城神은 得普明了大智慧하는 解脫門하며

화등염안 주성신은 널리 큰 지혜를 분명하게 요달하는 해탈문을 얻었으며,

疏

五는 了佛大智라

다섯 번째는 부처님의 큰 지혜를 요달하는 것이다.

○經

焰幢明現主城神은 得普方便示現하는 解脫門하며

염당명현 주성신은 널리 방편으로 시현하는 해탈문을 얻었으며,

○疏

六은 方便現身이라

여섯 번째는 방편으로 몸을 나타내는 것이다.

> 經

盛福威光主城神은 得普觀察一切衆生하야 令修廣大福德海케 하는 解脫門하며

성복위광 주성신은 널리 일체중생을 관찰하여 하여금 광대한 복덕의 바다를 닦게 하는 해탈문을 얻었으며,

> 疏

七은 同修佛德이라

일곱 번째는 부처님의 복덕을 함께 닦는 것이다.

ⓔ 經

淨光明身主城神은 得開悟一切愚暗衆生케하는 解脫門하며

정광명신 주성신은 일체 어리석고 어두운 중생을 열어 깨닫게 하는 해탈문을 얻었으며,

ⓢ 疏

八은 迷眞俗理일새 故云愚闇이라하니 佛出開示하야 令其悟入이라 本迷無始가 猶若生盲이 雖聞譬喩나 竟不識乳하나니 唯佛出世하야사 方能曉之니라

여덟 번째는 진眞·속俗의 진리에 미혹하였기에 그런 까닭으로 어리석고 어둡다 말한 것이니,
부처님이 출현하여 열어 보여서 그들로 하여금 깨달아 들어가게 하는 것이다.
본래 무시이래로부터 미혹한 것이 비유하자면 생맹인生盲人이 비록 비유를 들었지만 끝내 젖을 알지 못하는 것과 같나니,
오직 부처님이 세상에 출현하여야만 바야흐로 능히 알게 하시는 것이다.

鈔

本迷無始等者는 卽涅槃經이라 然이나 涅槃에 總有二文하니 一은 卽二十九經에 明八喩하시고 云호대 善男子야 凡所引喩는 不必盡取라 或取少分하며 或取多分하며 或復全取하나니 如言如來의 面如滿月은 是名少分이라 善男子야 譬如盲人이 初不見乳하야 轉問他言호대 乳爲何類고하니 彼人答言호대 如水蜜貝라하니라 水則濕相이요 蜜則甛相이요 貝則色相이니 雖引三喩나 未得乳實이라하니라

본래 무시이래無始以來로부터 미혹한 등이라고 한 것은 곧 『열반경』의 말이다.
그러나 『열반경』에 모두 두 가지 문장이 있나니,
첫 번째는 곧 이십구경[199]에 여덟 가지 비유(八喩)[200]를 밝히시고, 그 뒤에[201] 말씀하시기를 선남자[202]야, 무릇 인용한 바 비유는 반드시 다 취할 것은 아니다.
혹 조금만(少分) 취하기도 하며 혹 많이(多分) 취하기도 하며 혹 전부 취하기도 하나니,

---

199 이십구경이라고 한 것은, 『열반경』 사자후보살품 제삼이니, 북장경은 이십구권이고 남장경은 이십칠권이니, 동대 역경본은 남장경으로 이십칠권에 있다. 이십팔권이라 한 팔八 자는 구九 자의 잘못이다.
200 여덟 가지 비유라고 한 것은, 순順과 역逆과 현現과 비非와 선先과 후後와 선후先後와 변유遍喩이다.
201 그 뒤에라고 한 후後 자는 『열반경』에는 없고, 청량스님의 말이다.
202 선남자라고 한 것은, 사자후보살을 말한다.

마치 여래의 얼굴이 보름달(滿月)과 같다고 하는 것은 이 이름이
조금만(少分) 취한다 하는 것이다.
선남자야, 비유하자면 맹인盲人[203]이 처음부터 젖을 보지 못하여
전전히 다른 사람에게 물어 말하기를 젖이 어떤 유형인가 하니,
저 사람이 대답하여 말하기를 마치 물과 꿀과 조개와 같다 하였다.
물은 곧 젖은 모습이고, 꿀은 곧 단[204] 모습이고, 조개는 곧 색깔의
모습이니
비록 세 가지 비유를 인용하였으나 맹인은 아직도 젖의 참모습을
보지 못한다 하였다.

二者는 涅槃第十四經이니 南本十三이라 喩諸外道의 不識常樂我淨
코자하야 以四種喩하시니 謂貝稻米末雪鶴이라 經云호대 如生盲人이
不識乳色하야 便問他言호대 乳色何似오 他人答言호대 色如白貝하
니라 盲人復問호대 是乳色者가 如貝聲耶아 答言호대 不也니라 復問
호대 貝色이 爲何似耶아 答言호대 如稻米末하니라 盲人復問호대 乳
色柔軟이 如稻米末耶아 稻米末者는 復何所似아 答言호대 如雪하니
라 盲人復問言호대 彼稻米末이 冷如雪耶아 雪復何似아 答言호대
猶如白鶴하니라 是生盲人이 雖聞如是四種譬喩나 竟不能得識乳眞
色이라하니라 釋曰호대 貝可喩常하고 米末可喩樂하고 雪可喩淨하고
鶴可喩我니라 然이나 經中前三은 各誤領解나 而鶴一種은 略無誤領

---

203 맹인이라고 한 것은 남장경에는 유인有人이라 하였다.
204 甜(=甛)은 달 첨 자이다.

하니 應言如鶴動耶아하리라 然이나 其四喩는 皆是眼境이라 彼但身觸거니 何能知耶아 非唯外道가 不知四德이라 智眼未開하고 空欲暗證이 猶彼盲人이 觸四境也니라

두 번째는 열반 제십사경[205]이니 남경본으로는 제십삼경이다.
모든 외도들이 상·낙·아·정을 알지 못함을 깨우쳐 주려고 네 가지로 비유하셨으니,
말하자면 조개와 벼 쌀가루와 눈과 학鶴이다.
경에 말하기를 마치 생맹인生盲人이 젖의 색깔을 알지 못하여 문득 다른 사람에게 묻기를 젖의 색깔이 무엇과 같은가.
저 사람이 대답하여 말하기를 색깔이 흰 조개와 같다.
맹인이 다시 묻기를 젖의 색깔이 조개 소리 같은가.
대답하여 말하기를 아니다.
다시 묻기를 조개의 색깔이 무엇과 같은가.
대답하여 말하기를 벼 쌀가루와 같다.
맹인이 다시 묻기를 젖의 색깔이 부드럽기가 벼 쌀가루와 같은가. 벼 쌀가루는 다시 무엇과 같은가.
대답하여 말하기를 눈과 같다.
맹인이 다시 물어 말하기를 저 벼 쌀가루가 차기가 눈과 같은가, 눈은 다시 무엇과 같은가.

---

[205] 제십사경이라고 한 것은 북장경이고, 남장경은 제십삼경으로 성행품聖行品 제삼이다.

대답하여 말하기를 비유하자면 흰 학과 같다.
이 생맹인이 비록 이와 같은 네 가지 비유를 들었으나 끝내 능히 젖의 참 색깔을 알지 못한다 하였다.
해석하여 말하면[206] 조개는 가히[207] 상常에 비유하고,
쌀가루는 가히 낙樂에 비유하고,
눈은 가히 정淨에 비유하고,
학은 가히 아我에 비유한다.
그러나 『열반경』 가운데 앞에 세 가지 비유는 각각 잘못 안 것이지만 그러나 학의 비유 한 가지는 잘못 안 것이 생략되고 없나니, 응당 말하기를 학이 움직이는 것과 같은가라고 해야 할 것이다.
그러나 그 네 가지 비유는 다 이 눈의 경계이다. 저 맹인은 다만 몸으로 부딪쳐 알거니 어찌 능히 알겠는가.
오직 외도가 사덕四德[208]을 알지 못할 뿐 아니라 지혜의 눈이 열리지 않고서 공연히 암암리에 증득하고자 하는 것이 마치 저 맹인이 사경四境[209]으로 부딪쳐 알려고 하는 것과 같다.

言唯佛出世하야사 方能曉之者는 示其出世의 常樂我淨하고 開其智眼하야 了見分明耳니라

---

206 해석하여 말하면이라고 한 이하는 청량스님의 해석이다.
207 조개는 가히라고 한 등은, 조개는 견고하다는 뜻을 취한 까닭이니 나머지는 가히 알 수 있을 것이다고 『잡화기』는 말하고 있다.
208 사덕四德은 상常과 낙樂과 아我와 정淨이다.
209 사경四境이라고 한 것은 조개와 벼 쌀가루와 눈과 학이다.

오직 부처님이 세상에 출현하여야만 바야흐로 능히 알게 하신다고 한 것은, 그에게 출세간의 상·낙·아·정을 보이고 그에게 지혜의 눈을 열어서 마침내 보기를 분명하게 할 것이라는 것이다.

經

香幢莊嚴主城神은 得觀如來自在力으로 普遍世間하야 調伏衆生하는 解脫門하며 (此神名及法은 舊本無어늘 依今經補出하니 頗與偈文으로 相合이라)

향당장엄 주성신은 여래가 자재한 힘으로 널리 세간에 두루하여 중생을 조복함을 관찰하는 해탈문을 얻었으며, (이 신의 이름과 그리고 법문은 구본에는 없거늘, 지금의 경을 의지하여 보충하여 출시하였으니, 자못 게송문으로 더불어 서로 부합한다 하겠다.)

疏

九는 準梵本云인댄 香幢莊嚴쯤主城神은 得破一切煩惱臭氣하고 出生一切智性香氣하는 解脫門이라하니 謂正使는 爲臭物이요 殘習은 爲臭氣요 智性은 爲香體요 利物은 爲香氣라 香氣는 若高山之出雲하야 稱智性而無盡이요 臭氣는 若香風之捲霧하야 等性空之無邊이라 煩惱는 則塵習雙亡하고 智慧는 則自他兼利라 有本엔 亦具云호대 香幢莊嚴主城神은 得開發衆生의 淸淨妙智하는 解脫門이라하니 亦恐傳寫之脫漏耳니 義不異前이니라 偈云호대 現夢中者는 夢是神遊며 亦見聞之氣分也라 夢中尙調어든 況於覺悟아 如迦旃延이 爲弟子하야 現夢境界等이니라

아홉 번째는 범본을 기준하여 말한다면 향당장엄계 주성신은 일체 번뇌의 취기臭氣를 깨뜨리고 일체 지성智性의 향기를 출생하는 해탈문을 얻었다(得破一切煩惱臭氣 出生一切智性香氣 解脫門) 하였으니, 말하자면 정사(正使: 번뇌의 주체)[210]는 취물臭物이 되고, 잔습殘習은 취기臭氣가 되고, 지성智性은 향체香體가 되고 이익케 하는 물건은 향기가 되는 것이다.

향기는 높은 산에서 구름이 나오는 것과 같아서 지혜의 성품이 다함이 없음을 이름하는 것이요,

취기는 향기의 바람[211]이 안개를 걷는 것과 같아서 성공性空이 끝이 없는[212] 것과 같은 것이다.

번뇌는 곧 육진과 습기를 둘 다 잃게 하고, 지혜는 곧 자기와 타인을 겸하여 이익케 하는 것이다.

어떤 본에는 또한 갖추어 말하기를 향계장엄 주성신은 중생의 청정하고 묘한 지혜를 개발하게 하는 해탈문을 얻었다(香髻莊嚴主城神 得開發衆生 淸淨妙智 解脫門) 하였으니,

또한 전사傳寫하는 사람이 빠뜨려 누락되었을까 염려하노니 그 뜻은 앞에서와 다르지 않은 것이다.[213]

---

210 정사正使는 번뇌의 주체이다. 번뇌의 여의餘意를 습기라고 함에 대하여 그 주체를 정正이라 하고, 중생을 몰아 삼계에 유전케 하는 것을 사使라 한다.
211 향풍이란, 타본에는 장풍長風이라 하였다.
212 끝이 없다고 한 것은, 『잡화기』에 말하기를 경계가 끊어져 끝이 없는 것을 말한다 하였다.

게송에 말하기를 꿈 가운데 나타났다고 한 것은, 꿈은 정신이 노는 것이며 또한 보고 들은 기분이다.
꿈 가운데서도 오히려 조복하거든 하물며 깨어 있음에 깨닫게 함이 겠는가.
마치 가전연이[214] 제자를 위하여 꿈에 경계를 나타낸 것과 같은 등이다.

鈔

夢是神遊는 漢武故事니 昔漢武帝가 欲試善圓夢者코자하야 乃詐爲夢云호대 朕夢에 見殿上兩瓦가 化爲鴛鴦하야 飛空而去하니 是何徵耶오 圓夢者曰호대 宮中必有暴死之者니다 帝曰호대 戲之耳니라 言未畢에 監司奏云호대 宮人相殺이니다 帝曰호대 朕實不夢이로대 而有徵者는 何耶오 對曰호대 夢是神遊로 陛下欲言이 卽是夢也니다하니라 亦見聞之氣分者는 卽智論五夢之中에 見聞多故로 夢也라 言五夢者는 一은 熱氣多故로 夢火요 二는 冷氣多夢水요 三은 風氣多夢飛空이요 四는 見聞多入夢이요 五는 天神與라하니 並如下如夢忍하니라

꿈은 정신이 노는 것이라고 한 것은 한漢나라 무제 때 고사故事이니, 옛날에 한나라 무제가 원몽圓夢[215]을 잘하는 사람을 시험하고자 하여

---

213 그 뜻은 앞에서와 다르지 않다고 한 것은, 앞에서도 전사자가 빠뜨려 누락한 적이 있었는데, 그와 같다는 것이다.
214 가전연 운운은, 『대장엄론경』십이권의 말이니, 아래 초문에 있다.

이에 거짓으로 꿈을 만들어 말하기를 짐朕이 꿈에 궁전 위에 두 개의 기왓장이 변화하여 한 쌍의 원앙새²¹⁶가 되어 허공으로 날아가니 이것이 무슨 징조인가.

원몽자圓夢者가 말하기를 궁중에 반드시 갑자기²¹⁷ 죽을 자가 있을 것입니다.

무제가 말하기를 희롱한 말일 뿐이다.

이 말이 끝나지도 아니하였는데 감사監司가 아뢰어 말하기를 궁중에 사람이 서로 싸우다가 한 사람이 죽었습니다.

무제가 말하기를 짐은 진실로 꿈을 꾼 적이 없는데 이런 징조가 있는 것은 무엇 때문인가.

대답하여 말하기를 꿈은 정신이 노는 것으로, 폐하께서 말하고자 한 것이 곧 이 꿈입니다 하였다.

또한 보고 들은 기분이라고 한 것은 곧 『지도론』 다섯 가지 꿈 가운데 보고 들은 것이 많은 까닭으로 꿈을 만든다 한 것이다.

다섯 가지 꿈이라고 말한 것은 첫 번째는 열기가 많은 까닭으로 불을 꿈꾸고,

두 번째는 냉기가 많아서 물을 꿈꾸고,

세 번째는 풍기風氣가 많아서 허공에 나는 꿈을 꾸고,

---

215 원몽圓夢이라고 한 것은, 오히려 해몽解夢이라 할 것이다. 탄허스님은 원몽原夢이라 하였고, 북장경에는 원몽元夢이라 하였다.
216 원앙鴛鴦은, 원鴛은 암컷이고 앙鴦은 수컷이다.
217 暴는 갑자기 폭이다. 폭사暴死는 갑자기 죽는 것을 말한다.

네 번째는 보고 들은 것이 많아서 꿈에 들어오고,
다섯 번째는 천신이 예감을 주는 것이다 하였으니,
아울러 아래에 몽인유夢忍喩[218]와 같은 것이다.

如迦旃延이 爲弟子하야 現夢者는 莊嚴論說호대 迦旃延에 有一弟子하니 爲希羅王으로 捨王位出家하야 於山林中에 修道러라 有一隣國王하니 名阿盤地라 遊獵至山하야 其王安寢거늘 宮人이 詣比丘所한대 比丘가 爲其說法하니라 王覺하야 謂誘我宮人이라하고 遂鞭撻比丘하니 比丘痛苦하야 心生怨恨호대 我不相犯거늘 非理見辱이라하고 遂欲還家하야 爲王伐彼거늘 師勸不止일새 便言호대 且留一宿하라 明當任去호리라 卽留一宿한대 夜中에 迦旃延이 示之以夢호대 夢見還國호니 國人迎之하고 却立爲王거늘 與大臣으로 商議하야 徵兵伐怨이라가 而戰敗失道하고 遂被彼擒하야 將欲刑戮할재 忽遇本師하니라 本師告言호대 前苦相勸거늘 何爲不從고 此王夢中에 號訴師言호대 大師救命하소서하고 失聲便覺하야 悲涕白師하고 不復還家리다하니 是爲迦旃延之善巧로 覺化不得일새 夢化便遂니라

가전연이 제자를 위하여 꿈에 경계를 나타낸 것과 같다고 한 것은, 『대장엄론』 십이권에 말하기를 가전연에게 한 제자가 있었으니 희라왕希羅王으로서,[219] 왕위를 버리고 출가하여 산 숲속에서 도를

---

218 아래에 몽인유夢忍喩라고 한 것은, 바로 아래 가전연이 제자를 위하여 꿈의 경계를 나타낸 것이다.
219 원문에 위爲 자는 갑장경과 속장경에는 명名 자이다.

닦았다.

그때에 한 인근 나라에 왕이 있었으니 이름이 아반지阿盤地이다. 사냥을 하고 놀다가 그 산에 이르러 그 왕이 편안하게 잠을 자거늘, 함께한 궁인宮人들이 그 비구의 처소에 나아간데 그 비구가 그 궁인들을 위하여 법을 설하였다.

왕이 깨어나 말하기를 나의 궁인들을 유인했다 하고는 드디어 채찍으로 비구를 내려치니,[220]

비구가 아프고 괴로워 마음에 원한을 내되 내가 서로 범한 적이 없거늘 이유 없이 욕辱을 보는구나 하고, 드디어 집으로 돌아가 왕이 되어 저 왕을 공벌攻伐하고자 하거늘, 스승 가전연이 그만두라고 권하여도 그치지 않기에, 문득 말하기를 우선 머물렀다가 하룻밤만 자거라. 내일[221] 마땅히 너의 뜻대로 가게 해 주겠다. 곧 머물러 하룻밤을 자는데 한밤중에 가전연이 그에게 꿈을 나타내 보이되, 꿈에 본국本國에 돌아가 보니 그 나라 사람들이 맞이하고 물러나 서서 왕으로 모시거늘, 대신들과 더불어 상의하여 병사들을 징집하고 원적을 치다가 전쟁에서 패하여 길을 잃고 드디어 저들에게 사로잡힘[222]을 입어 장차 사형(形戮)[223]을 당하고자 함에 홀연히 본사本師[224]를 만났다.

---

220 撻은 종아리 칠 달이다.
221 明은 명일明日이니, 내일을 말한다.
222 擒은 사로잡을 금이다.
223 형륙形戮은, 형벌 또는 형에 처한다는 뜻이니, 사형의 뜻이 있다. 戮은 죽일 륙이다.

본사가 일러 말하기를 전일에 고통의 모습을 권고하였거늘 어찌하여 따르지 않았는가. 이 왕이 꿈속에서 본사에게 호소하여 말하기를 대사께서 목숨을 구하여 주십시오 하고는 소리를 내지 못하다가, 문득 깨어나 슬피 울면서 본사에게 고백하고 다시는 집으로 돌아가지 않겠습니다 하였으니,

이것이 가전연이 선교善巧로써 깨어남에 교화함을 얻을 수 없기에 꿈속에서 교화함을 문득 이룸이 되는 것이다.

---

224 본사는, 가전연이다.

經

寶峯光目主城神은 得能以大光明으로 破一切衆生障礙山하는 解脫門하며

보봉광목 주성신은 능히 큰 광명으로써 일체중생의 장애산을 깨뜨리는 해탈문을 얻었으며,

疏

十은 二障五蓋가 重疊如山이니 非智光明이면 莫之能破니라

열 번째는 이장二障과 오개五蓋가 중첩된 것이 마치 산과 같나니, 지혜의 광명이 아니면 능히 깨뜨릴 수 없는 것이다.

> 經

爾時에 寶峯光耀主城神이 承佛威力하야 普觀一切主城神衆하고 而說頌言호대

導師如是不思議하사　光明遍照於十方하야
衆生現前悉見佛하야　敎化成熟無央數이니다

諸衆生根各差別이나　佛悉了知無有餘하시니
妙嚴宮殿主城神이　入此法門心慶悅이니다

如來無量劫修行하사대　護持往昔諸佛法하시며
意常承奉生歡喜하시니　妙寶城神悟此門이니다

如來昔以能除遣　一切衆生諸恐怖하시고
而恒於彼起慈悲하시니　此離憂神心悟喜이니다

佛智廣大無有邊호미　譬如虛空不可量이니
華目城神思悟悅하고　能學如來之妙慧이니다

如來色相等衆生하사　隨其樂欲皆令見케하시니
焰幢明現心能悟하고　習此方便生歡喜이니다

如來往修衆福海하사　　淸淨廣大無邊際하시니
福德幢光於此門에　　　觀察了悟心欣慶이니다

衆生愚迷諸有中호미　　如世生盲卒無覩거늘
佛爲利益興於世하시니　淸淨光神入此門이니다

如來自在無有邊호미　　如雲普遍於世間하시며
乃至現夢令調伏케하시니 此是香幢所觀見이니다

衆生癡暗如盲瞽하야　　種種障蓋所纏覆어늘
佛光照徹普令開케하시니 如是寶峯之所入이니다

그때 보봉광요 주성신이 부처님의 위신력을 받아 널리 일체 주성신의 대중을 관찰하고 게송을 설하여 말하기를,

도사가 이와 같이 사의할 수 없어서
광명을 시방에 두루 비추시어
중생들이 현전에서 다 부처님을 보게 하여
교화하고 성숙케 한 것이 그 수를 다할 수 없습니다.

모든 중생의 근성이 각각 차별하지만
부처님이 다 요달하여 아시기를 남김없이 하시니
묘엄궁전 주성신이

이 법문에 들어가 마음이 경사하고 기뻐하였습니다.

여래가 한량없는 세월에 수행하시되
지나간 옛날에 모든 부처님의 법을 호지하시며
마음에 항상 받들어 섬겨 환희를 내시니
청정묘보 주성신이 이 법문을 깨달았습니다.

여래가 옛날에 능히
일체중생의 모든 두려움을 제견除遣하시고
항상 저들 중생에게 자비심을 일으키시니
이것은 이우청정 주성신이 마음에 깨달아 기뻐하였습니다.

부처님의 지혜는 광대하여 끝이 없는 것이
비유하자면 허공이 가히 한량이 없는 것과 같나니
화등염목 주성신이 사유하여 깨달아 기뻐하고
능히 여래의 묘한 지혜를 배웠습니다.

여래가 색상을 중생과 같이 하여
그들이 좋아하고 욕망함을 따라 다 하여금 보게 하시니
염당명현 주성신이 마음에 능히 깨닫고
이 방편을 닦아 환희를 내었습니다.

여래가 지나간 옛날에 수많은 복덕의 바다를 닦아서

청정하고 광대하기가 끝이 없으시니
복덕당광 주성신이 이 법문에
관찰하고 깨달아 마음에 기뻐하고 경사하였습니다.

중생이 어리석어 제유諸有 가운데 미혹한 것이
마치 세간의 생맹이 끝내 볼 수 없는 것과 같거늘
부처님이 이익케 하기 위하여 세간에 출흥하시니
청정광신[225] 주성신이 이 법문에 들어갔습니다.

여래의 자재한 힘은 끝이 없는 것이
마치 구름과 같아서 널리 세간에 두루하시며
내지 꿈속까지 나타나 하여금 조복케 하시니
이것은 향당장엄 주성신이 관찰하여 본 바입니다.

중생이 어리석고 눈먼 것이 마치 눈먼 장님과 같아서
가지가지 장개障蓋에 얽히어 덮인 바가 되었거늘
부처님이 광명으로 비추어 사무쳐서 널리 하여금 열게 하시니
이와 같은 것은 보봉광목 주성신이 들어간 바입니다.

---

225 청정광신이란, 장행문에는 정광명신淨光明身이라 하였다.

> 經

復次 淨莊嚴幢道場神은 得出現供養佛하는 廣大莊嚴具誓願力의 解脫門하며

다시 정장엄당 도량신은[226] 부처님께 공양하는 광대한 장엄 기구를 출현하는 서원의 힘의 해탈문을 얻었으며,

> 疏

第十六은 道場神이니 十一法에 十一偈라 一은 出現字는 兩用이라 謂有佛出現에 卽出現莊嚴具하야 而爲供養하나니 佛昔如是일새 神以大願으로 倣之니라

제 열여섯 번째는 도량신이니,
열한 법에 열한 게송이 있다.
첫 번째는 출현出現이라는 글자는 두 곳으로 사용할 것이다.[227]
말하자면 이 신이 부처님이 있어 출현하심에 곧 장엄 기구를 출현하여 공양하나니,

---

226 정장엄당 도량신이라 한 아래는 제 다섯 번째 구족주에 속한다.
227 두 곳으로 사용한다고 한 것은, 첫째는 부처님과 이 신神에 양용한다는 것이고, 둘째는 여기 소문처럼 신이 부처님이 출현하심(한 번)에 곧 장엄 기구를 출현(두 번)한다 한 것이다.

부처님이 옛날에 이와 같이 하였기에 이 신神도 큰 서원의 힘으로써 그 부처님을 본받으려고 그렇게 한다는 것이다.

> 經

須彌寶光道場神은 得現一切衆生前하야 成就廣大菩提行하는 解脫門하며

수미보광 도량신은 일체중생 앞에 나타나서 광대한 보리의 행을 성취하는 해탈문을 얻었으며,

> 疏

二는 對物成行하야 令物倣之니 施爲行先일새 故偈偏擧니라

두 번째는 중생을 상대하여 보리의 행을 성취하여 중생으로 하여금 본받게 하는 것이니,
보시가 수행의 우선이 되기에 그런 까닭으로 게송에는 치우쳐 보시만 거론하였다.[228]

---

[228] 게송에는 치우쳐 보시만 거론하였다고 한 것은, 게송에는 부처님이 옛날에 끝없는 보시를 행하였다 하여 보시만 거론하였으나, 여기 장행에서는 보리행인 수행을 거론하였다.

> 經

雷音幢相道場神은 得隨一切衆生의 心所樂하야 令見佛於夢中에 爲說法케하는 解脫門하며

뇌음당상 도량신은 일체중생의 마음에 좋아하는 바를 따라서 하여금 부처님이 꿈 가운데서도 설법함을 보게 하는 해탈문을 얻었으며,

> 疏

三은 夢覺皆化니 則時處俱遍이라

세 번째는 꿈속에 있으나 깨어 있으나 다 교화하는 것이니, 곧 시간과 처소에 함께 두루하는 것이다.²²⁹

---

229 시간과 처소에 함께 두루한다고 한 것은, 꿈속에 있으나 깨어 있으나 다 교화한다고 한 것은 곧 시간에 두루하는 것이고, 이미 일체 국토에 두루 유전케 한다고 하였다면 곧 처소에 두루하는 것이다. 일체 국토에 두루 유전케 한다고 한 것은 게송문이니, 영인본 화엄 3책, p.204, 8행에 있다. 이상은 『잡화기』의 말에 나의 말을 더하였다.

> 經

雨華妙眼道場神은 得能雨一切難捨衆寶와 莊嚴具하는 解脫門하며

우화묘안 도량신은 능히 일체 버리기 어려운 수많은 보배와 장엄기구를 내려주는 해탈문을 얻었으며,

> 疏

四는 外寶內眼을 重重難捨어늘 爲物捨行일새 故云能雨라하니라

네 번째는 밖으로의 보배와 안으로의 눈[230]을 중중으로 버리기 어렵거늘 중생을 위하여 버리기를 실행하기에 그런 까닭으로 말하기를 능히 내려준다고 한 것이다.

---

230 안으로의 눈이라고 한 것은, 게송문이다.

經

淸淨焰形道場神은 得能現妙莊嚴道場하야 廣化衆生하야 令成熟케하는 解脫門하며

청정염형 도량신은 능히 묘한 장엄도량을 나타내어 널리 중생을 교화하여 하여금 성숙케 하는 해탈문을 얻었으며,

疏

五에 淸淨焰形神은 前列中無라 謂色相道場을 俱妙莊嚴이 並爲熟物이라

다섯 번째 청정염형신은 앞의 열명列名 가운데는 없었다. 말하자면 색상과 도량을 함께 묘하게 장엄하는 것이 아울러 중생을 성숙케 함이 되는 것이다.

經

華纓垂髻道場神은 得隨根說法하야 令生正念케하는 解脫門하며

화영수계 도량신은 근기를 따라 법을 설하여 하여금 바른 생각을 내게 하는 해탈문을 얻었으며,

疏

六은 疑境界者는 以唯心爲正念하고 疑法性者는 以無得爲正念거니와 實則無正無邪하야사 方稱曰正이요 無念不念하야사 是眞念矣니 諸念不生하야사 正念方生耳니라 故隨根雨法하야 斷疑生智니라

여섯 번째는 경계를 의혹하는 이는 오직 마음으로써 바른 생각을 삼고, 법성을 의혹하는 이는 얻을 것이 없음으로써 바른 생각을 삼거니와, 진실로는 곧 바름도 없고 삿됨도 없어야 바야흐로 이름을 바름이라 하고, 생각도 없고 생각하지 아니함도 없어야 이것을 참다운 생각이라 하나니,
모든 생각이 일어나지 아니하여야 바른 생각이 바야흐로 일어날 것이다.
그런 까닭으로 근기를 따라 법을 비 내려 의혹을 끊고 지혜가 나게 하는 것이다.

> 經

雨寶莊嚴道場神은 得能以辯才로 普雨無邊歡喜法케하는 解脫門하며

우보장엄 도량신은 능히 변재로써 널리 끝없는 환희의 법을 비 내리게 하는 해탈문을 얻었으며,

> 疏

七은 辯才雨法하야 稱根故喜니라

일곱 번째는 변재로 법을 비 내려 근기에 칭합하게 하는 까닭으로 환희하는 것이다.

經

勇猛香眼道場神은 得廣稱讚諸佛功德하는 解脫門하며

용맹향안 도량신은 널리 모든 부처님의 공덕을 칭찬하는 해탈문을 얻었으며,

疏

八은 深廣讚佛일새 故名實雙美니라

여덟 번째는 깊고도 넓게 부처님을 칭찬하였기에 그런 까닭으로 이름과 실제가 둘 다 아름다운 것이다.

> 經

金剛彩雲道場神은 得示現無邊色相樹하야 莊嚴道場하는 解脫門하며

금강채운 도량신은 끝없는 색상의 나무를 시현하여 도량을 장엄하는 해탈문을 얻었으며,

> 疏

九는 樹王眷屬이니 並如經初하니라

아홉 번째는 보리수왕의 권속이니
아울러 경초에서 말한 것과 같다.[231]

---

[231] 경초에서 말한 것과 같다고 한 것은, 보리수 아래서 처음 정각을 이루었다 운운하여 수많은 신神 등을 거론한 것을 말한다.

> 經

蓮華光明道場神은 得菩提樹下에 寂然不動이나 而充遍十方한 解脫門하며

연화광명 도량신은 보리수 아래에 고요히 앉아 움직이지 않았지만 그러나 시방에 넘쳐나 두루한 해탈문을 얻었으며,

> 疏

十은 卽前身遍十方이나 而無來往과 智入諸相이나 了法空寂也니라

열 번째는 곧 앞에서 몸이 시방에²³² 두루하지만 온 적도 간 적도 없다는 것과 지혜가 모든 모습에 들어가지만 법이 공적한 줄 안다 한 것이다.

---

232 앞에서 몸이 시방에 운운은 세주묘엄품 제일권에 있나니 공적한 줄 안다고 한 아래에 삼세에 모든 부처님이 소유하신 신통변화를 저 광명 가운데 다 보지 아니함이 없으며 일체 부처님의 국토에 사의할 수 없는 세월토록 다 하여금 나타나게 한다는 말이 더 있다.

> 經

妙光照耀道場神은 得顯示如來의 種種力하는 解脫門하니라

묘광조요 도량신은 여래의 가지가지 힘을 현시하는 해탈문을 얻었습니다.

> 疏

十一은 種種力者는 佛有無量力故며 因行亦然하야 皆嚴具顯示니라 旣是道場之神일새 故得道場事中에 解脫이니라

열한 번째는 가지가지 힘이라고 한 것은 부처님은 한량없는 힘[233]이 있는 까닭이며,
모든 인행因行[234]도 또한 그러하여 다 장엄 기구를 현시한 것이다. 부처님은 이미 이 도량의 신이기에 그런 까닭으로 도량의 일 가운데서 해탈을 얻은 것이다.

---

233 한량없는 힘이란, 게송에는 난사청정력難思淸淨力이라 하였다.
234 인행因行이란, 게송에는 제인행諸因行이라 하였다.

> 經

爾時에 淨莊嚴幢道場神이 承佛威力하야 普觀一切道場神衆하고 而說頌言호대

我念如來往昔時에　於無量劫所修行하니
諸佛出興咸供養일새　故獲如空大功德이니다

佛昔修行無盡施를　無量刹土微塵等하시니
須彌光照菩提神이　憶念善逝心欣慶이니다

如來色相無有窮하야　變化周流一切刹하시며
乃至夢中常示現하시니　雷幢見此生歡喜이니다

昔行捨行無量劫하시고　能捨難捨眼如海하시니
如是捨行爲衆生이니　此妙眼神能悟悅이니다

無邊色相寶焰雲을　現菩提場遍世間하시니
焰形淸淨道場神이　見佛自在生歡喜이니다

衆生行海無有邊이나　佛普彌綸雨法雨하사
隨其根解除疑惑하시니　華纓悟此心歡喜이니다

無量法門差別義에　辯才大海皆能入하시니
雨寶嚴具道場神이　於心念念恒如是이니다

於不可說一切土에　盡世言辭稱讚佛일새
故獲名譽大功德하시니　此勇眼神能憶念이니다

種種色相無邊樹를　普現菩提樹王下하시니
金剛彩雲悟此門하고　恒觀道樹生歡喜이니다

十方邊際不可得인달하야　佛坐道場智亦然하나니
蓮華步光淨信心으로　入此解脫深生喜이니다

道場一切出妙音하야　讚佛難思淸淨力과
及以成就諸因行하나니　此妙光神能聽受이니다

그때 정장엄당 도량신이 부처님의 위신력을 받아 널리 일체 도량신의 대중을 관찰하고 게송을 설하여 말하기를,

내가 여래께서 지나간 옛 시절
한량없는 세월에 수행하신 바를 생각하니
모든 부처님이 출흥하심에 다 공양하셨기에
그런 까닭으로 허공과 같은 큰 공덕을 얻은 것 같습니다.

부처님이 옛날에 끝없는 보시를 수행하시길
한량없는 국토의 작은 티끌 수와 같이 하셨으니
수미광조보리[235] 도량신이
선서를 기억하고 생각하여 마음에 기뻐하고 경사하였습니다.

여래의 색상은 끝이 없어서
변화하여 일체 국토에 두루 유전케 하시며
내지 꿈속에도 항상 시현하시나니
뇌음당상 도량신이 이것을 보고 환희를 내었습니다.

옛날에 버리는 행을 행하시길 한량없는 세월토록 하시고
능히 버리기 어려운 눈마저 버리기를 바다와 같이 하셨으니
이와 같이 버리는 행은 중생을 위한 것이니
이것은 우화묘안[236] 도량신이 능히 깨닫고 기뻐하였습니다.

끝없는 색상의 보배 불꽃 구름을
보리도량에 시현하여 세간에 두루하게 하시니
염형청정[237] 도량신이
부처님의 자재하심을 보고 환희를 내었습니다.

---

235 수미광조보리는, 장행문에는 수미보광이라 하였다.
236 묘안은, 장행문에는 우화묘안雨華妙眼이라 하였다.
237 염형청정은, 장행문에는 청정염형이라 하였다.

중생들 행위의 바다가 끝이 없지만
부처님이 넓고도 가득히 진리의 비를 내려
그들의 근성에 이해함을 따라 의혹을 제멸하시니
화영수계 도량신이 이것을 깨닫고 마음에 환희하였습니다.

한량없는 법문의 차별한 뜻에
변재의 큰 바다로써 다 능히 들어가게 하시니
우보엄구[238] 도량신이
마음속 생각 생각에 항상 이와 같이 하려 하였습니다.

가히 말할 수 없는 일체 국토에
세간의 말을 다 동원하여 부처님을 칭찬하셨기에
그런 까닭으로 명예와 큰 공덕[239]을 얻으셨나니
이것은 용맹향안 도량신이 능히 기억하고 생각하였습니다.

가지가지 색상의 끝없는 나무를
널리 보리나무왕 아래에 나타내시니
금강채운 도량신이 이 법문을 깨닫고
항상 보리수(道樹)를 관찰하며 환희심을 내었습니다.

---

238 우보엄구는, 장행문에는 우보장엄이라 하였다.
239 명예와 큰 공덕이라고 한 것은, 장행문에는 명名과 실實이라 하였으니,
    명예는 명名이고, 큰 공덕은 실實이다.

시방의 끝을 가히 얻을 수 없듯이
부처님이 보리도량에 앉으심과 지혜도 또한 그러하나니
연화보광 도량신이 청정하게 믿는 마음으로
이 해탈문에 들어가서 깊이 환희를 내었습니다.

도량의 일체 곳에서 묘한 음성을 내어
부처님의 사의하기 어려운 청정한 힘과
그리고 모든 인행을 성취하신 것을 찬탄하나니
이것은 묘광조요 도량신이 능히 듣고 받았습니다.

> 經

復次 寶印手足行神은 得普雨衆寶하야 生廣大歡喜케하는 解脫門하며

다시 보인수 족행신은[240] 널리 수많은 보배를 비 내려 광대한 환희를 내게 하는 해탈문을 얻었으며,

蓮華光足行神은 得示現佛身이 坐一切光色蓮華座하야 令見者歡喜케하는 解脫門하며

연화광 족행신은 부처님의 몸이 일체 광명색의 연꽃 자리에 앉아 계심을 시현하여 보는 사람으로 하여금 환희케 하는 해탈문을 얻었으며,

> 疏

第十七은 足行神이니 十法이라 初二는 可知라

제 열일곱 번째는 족행신이니
십법이 있다.
처음에 두 가지는 가히 알 수가 있을 것이다.

---

240 보인수 족행신 이하는 제 네 번째 생귀주에 속한다.

經

最勝華髻足行神은 得一一心念中에 建立一切如來의 衆會道場하는 解脫門하며

최승화계 족행신은 낱낱 심념心念 가운데 일체 여래의 대중이 모이는 도량을 건립하는 해탈문을 얻었으며,

疏

三은 內則念念에 安於理事요 外則處處에 建立道場이라

세 번째는 안으로는 곧 생각 생각에 진리와 사실을 안립安立하고, 밖으로는 곧 곳곳에 도량을 건립하는 것이다.

ⓔ

攝諸善見足行神은 得擧足發步에 悉調伏無邊衆生하는 解脫門하며

섭제선견 족행신은 발을 들어 걸음을 일으킴[241]에 끝없는 중생을 다 조복하는 해탈문을 얻었으며,

ⓢ

四는 擧足下足에 海印發輝하나니 諸有威儀가 無非佛事니라

네 번째는 발을 들고 발을 내림에 해인의 광명이 발휘하나니,[242] 제유諸有에 위의威儀[243]가 불사 아님이 없는 것이다.

---

241 원문에 발보發步는, 걸어가는 것을 말한다.
242 해인의 광명이 발휘한다고 한 것은, 족륜방광足輪放光을 말하는 것이니, 해인의 광명이 족륜에서 발생하는 것이다. 『능엄경』에는 내가 발가락을 누름에 해인이 광명을 발생한다 하였으니, 참고할 것이다.
243 위의威儀는 거동, 행보의 의미로 행주좌와行住坐臥를 말한다.

> 經

妙寶星幢足行神은 得念念中에 化現種種蓮華와 網光明하야 普雨衆寶하고 出妙音聲하는 解脫門하며

묘보성당 족행신은 생각 생각 가운데 가지가지 연꽃과 그물 광명을 화현하여 수많은 보배를 널리 비 내리고 묘한 음성을 내는 해탈문을 얻었으며,

> 疏

五는 以華以光으로 雨寶雨法이라

다섯 번째는 연꽃과 광명으로써[244] 보배를 비 내리고 진리를 비 내리는 것이다.

---

244 연꽃과 광명으로써 운운한 것은, 이화우보以華雨寶요 이광우법以光雨法이니, 즉 연꽃으로써 보배를 비 내리고 광명으로써 법을 비 내리는 것이다. 우보雨寶는 경문에 보우중보普雨衆寶이고, 우법雨法은 경문에 출묘음성出妙音聲이다.

經

樂吐妙音足行神은 得出生無邊歡喜海하는 解脫門하며

낙토묘음 족행신은 끝없는 환희의 바다를 출생하는 해탈문을 얻었으며,

疏

六은 衆生無邊이 是佛化境이니 見佛聞法일새 故生歡喜니라

여섯 번째는 중생이 끝이 없는 것이 이것이 부처님의 교화할 경계이니, 부처님을 보고 법문을 들었기에 그런 까닭으로 환희를 출생하는 것이다.

◯經

栴檀樹光足行神은 得以香風으로 普覺一切道場衆會케하는 解脫門하며

전단수광 족행신은 향기로운 바람으로써 널리 일체 도량에 모인 대중들을 깨닫게 하는 해탈문을 얻었으며,

◯疏

七은 圓音警物이 等栴檀之香風이니 暫一熏修하면 覺身心之調順이라 餘三은 可知라

일곱 번째는 원음圓音으로 중생을 깨닫게 하는 것이 마치 전단의 향기로운 바람과 같나니,
잠시 한 번만 훈수勳修하면 몸과 마음이 고르고 유순함을 깨달을 것이다.
나머지 세 가지는 가히 알 수가 있을 것이다.

> 經

蓮華光明足行神은 得一切毛孔에 放光明하며 演微妙法音하는 解脫門하며

연화광명 족행신은 일체 털구멍에 광명을 놓아 미묘한 법음을 연설하는 해탈문을 얻었으며,

微妙光明足行神은 得其身遍出種種光明網하야 普照耀하는 解脫門하며

미묘광명 족행신은 그 부처님의 몸에서 가지가지 광명의 그물을 두루 내어 널리 비추는 해탈문을 얻었으며,

積集妙華足行神은 得開悟一切衆生하야 令生善根海케하는 解脫門하니라

적집묘화 족행신은 일체중생을 열어 깨닫게 하여 하여금 선근의 바다를 내게 하는 해탈문을 얻었습니다.

경

爾時에 寶印手足行神이 承佛神力하야 普觀一切足行神衆하고
而說頌言호대

佛昔修行無量劫하시고　　供養一切諸如來하시대
心恒慶悅不疲厭하시니　　喜門深大猶如海이니다

念念神通不可量일새　　化現蓮華種種香하사
佛坐其上普遊往하시니　　紅色光神皆覩見이니다

諸佛如來法如是하사　　廣大衆會遍十方에
普現神通不可議하시니　　最勝華神悉明矚이니다

十方國土一切處에　　於中擧足若下足에
悉能成就諸群生케하시니　　此善見神心悟喜이니다

如衆生數普現身하시대　　此一一身充法界케하사
悉放淨光雨衆寶하시니　　如是解脫星幢入이니다

如來境界無邊際하사　　普雨法雨皆充滿거늘
衆會覩佛生歡喜하나니　　此妙音聲之所見이니다

佛音聲量等虛空하사　　一切音聲悉在中일새
調伏衆生靡不遍하시나니　如是栴檀能聽受이니다

一切毛孔出化音하사　　闡揚三世諸佛名거늘
聞此音者皆歡喜하나니　蓮華光神如是見이니다

佛身變現不思議하고　　步步色相猶如海하사
隨衆生心悉令見케하시니　此妙光明之所得이니다

十方普現大神通하사　　一切衆生悉開悟케하시니
衆妙華神於此法에　　見已心生大歡喜이니다

그때 보인수 족행신이 부처님의 위신력을 받아 널리 일체 족행신의 대중을 관찰하고 게송을 설하여 말하기를,

부처님이 옛날에 한량없는 겁토록 수행하시고
일체 모든 여래에게 공양하시되
마음이 항상 경사하고 기뻐 피곤해하거나 싫어함이 없으시니
환희의 문이 깊고 큰 것이 비유하자면 바다와 같았습니다.

생각 생각에 신통이 가히 헤아릴 수 없기에
연꽃에 가지가지 향기를 화현하여
부처님이 그 위에 앉아 널리 유행遊行[245]하시니

홍색광[246] 족행신이 다 보았습니다.

모든 부처님 여래는 법이 이와 같아서
광대하게 모인 대중이 시방에 두루함에
널리 신통을 가히 사의할 수 없이 나타내시니
최승화계 족행신이 다 분명하게 보았습니다.

시방의 국토 일체 처소에
그 가운데 발을 들고 혹 발을 내림에
다 능히 모든 중생을 성취케 하시니
이것은 섭제선견 족행신이 마음에 깨달아 기뻐하였습니다.

중생의 수와 같이 널리 몸을 나타내시되
이 낱낱 몸을 법계에 넘쳐나게 하여
다 청정한 광명을 놓아 수많은 보배를 비 내리시니
이와 같은 해탈에는 묘보성당 족행신이 들어갔습니다.

---

245 유행은, 원문에 유왕遊往이다.
246 홍색광이라고 한 것은, 장행문에는 연화광이라 하였다. 제 여덟 번째 게송에도 연화광이라 하였으나, 제 여덟 번째 장행문에는 연화광명이라 하였다. 두 가지 뜻이 별반 다를 바가 없기에 그것을 구분하려 제 두 번째 연화광을 제 두 번째 게송에서 홍색광이라 한 것이다. 홍색·청색·적색·백색 연꽃이 있다. 그 가운데 홍색, 즉 홍련화라는 것이다.

여래의 경계는 끝이 없어서
널리 진리의 비를 내려 다 넘쳐나게 하거늘
모인 대중이 그 부처님을 보고 환희를 내나니
이것은 낙토묘음성 족행신이 본 바입니다.

부처님의 음성은 그 양量이 허공과 같아서
일체 음성이 다 그 가운데 있기에
중생을 조복함에 두루하지 아니함이 없으시니
이와 같은 것은 전단수광 족행신이 능히 듣고 받았습니다.

일체 털구멍에 변화의 음성을 내어
삼세에 모든 부처님의 이름을 널리 떨치거늘
이 음성을 듣는 사람은 다 환희하나니
연화광명[247] 족행신이 이와 같음을 보았습니다.

부처님의 몸이 변화하여 나타나심을 가히 사의할 수 없고
걸음걸음마다 색상은 비유하자면 바다와 같아서
중생의 마음을 따라 다 하여금 보게 하시니
이것은 미묘광명 족행신이 얻은 바입니다.

시방에 널리 대신통을 나타내어

---

[247] 여기 게송에는 연화광이라 하고, 장행문에는 연화광명이라 하였다.

일체중생을 다 열어 깨닫게 하시니
중묘화[248] 족행신이 이 법문에
보아 마치고 마음에 큰 환희를 내었습니다.

---

248 중묘화는, 장행문에는 적집묘화라 하였다.

經

復次 淨喜境界身衆神은 得憶佛往昔誓願海하는 解脫門하며

다시 정희경계 신중신은[249] 부처님의 지나간 옛날에 세웠던 서원의 바다를 기억하는 해탈문을 얻었으며,

疏

第十八은 身衆神이니 十法이라 一에 淨喜境界神者는 初列處엔 名華髻莊嚴이라하니 或是名廣하야 略擧其半가 或梵音相類하야 譯者之誤아 未勘梵本이라

제 열여덟 번째는 신중신이니
십법이 있다.
첫 번째 정희경계 신중신이라고 한 것은, 처음 열명列名의 처소에서는 이름을 화계장엄華髻莊嚴이라[250] 하였으니
혹시[251] 이름이 넓어서 생략하고 그 반만을 거론한 것인지, 혹시

---

249 정희경계 신중신 이하는 제 세 번째 수행주에 속한다.
250 처음 열명列名의 처소라고 한 것은, 중회운집衆會雲集의 열명처列名處이다. 화계장엄이라 한 것은, 화계장엄정희경계華髻莊嚴淨喜境界이다.
251 혹시 운운은, 말하자면 혹 널리 이름이 여덟 글자(華髻莊嚴淨喜境界)로 되어 있거늘, 앞에 그 반만(四字) 거론하고 지금에도 그 반(四字)만 거론한 것인가라고 『잡화기』는 말한다. 다시 말하면 앞에서는 화계장엄華髻莊嚴이라 半만 거론하고, 지금에도 정희경계淨喜境界라 반만 거론한 것인지 반문하고 있다

범음梵音이 서로 유사類似하여 번역한 사람이 잘못 해석한 것인지 아직 범본梵本을 살펴보지는 못하였다.

는 것이다.

> 經

光照十方身衆神은 得光明으로 普照無邊世界하는 解脫門하며

광조시방 신중신은 광명으로 끝없는 세계를 널리 비추는 해탈문을 얻었으며,

海音調伏身衆神은 得大音으로 普覺一切衆生하야 令歡喜調伏케하는 解脫門하며

해음조복 신중신은 큰 음성으로 널리 일체중생을 깨닫게 하여 하여금 환희하고 조복케 하는 해탈문을 얻었으며,

> 疏

二三은 可知라

두 번째와 세 번째는 가히 알 수가 있을 것이다.

經

淨華嚴髻身衆神은 得身如虛空하야 周遍住하는 解脫門하며

정화엄계 신중신은 몸이 허공과 같이 두루 머무는 해탈문을 얻었으며,

疏

四는 相卽無相故로 如空遍住니 空非獨虛라 亦遍於色이라 住非分住라 一塵亦周호미 如芥子空도 卽不可盡하야 身與法性을 不可分故니라

네 번째는 색상이 곧 색상이 아닌 까닭으로 허공과 같이 두루 머무나니,
허공은 유독 허공뿐만이 아니라 또한 색色에도 두루하는 것이다. 머문다는 것은 부분적으로 머무는 것이 아니라, 한 티끌에도 또한 두루하는 것이 마치 개자만 한 허공도 곧 가히 다할 수 없는 것과 같아서 몸과 더불어 법의 자성을 가히 나눌 수 없는 까닭이다.

鈔

空非獨虛者는 意云호대 非謂無物處是虛空이니 出現品云호대 譬如虛空이 遍至一切色과 非色處故니라 住非分住라 一塵亦周者는 如來

가 在一塵之中이라도 亦全法界之廣大身이 皆具在故로 擧芥子空證이니 已如前引하니라

허공은 유독 허공뿐만이 아니라고 한 것은, 그 뜻에 말하기를 한 물건도 없는 곳을 이 허공이라 말하는 것이 아니니,
여래출현품에 말하기를[252] 비유하자면 허공이 일체 색처와 비색처에 두루 이르는 것과 같다 한 까닭이다.

머문다는 것은 부분적으로 머무는 것이 아니라 한 티끌에도 또한 두루한다고 한 것은, 여래가 한 티끌 가운데 있을지라도 또한 온 법계에 광대한 몸이 다 갖추어져 있는 까닭으로 개자만 한 허공을 들어 증명하였으니,
이미 앞에서 인용한 것과 같다.[253]

---

[252] 여래출현품 운운은, 영인본 화엄 3책, p.73, 3행 초문에 이미 인용한 바 있다.

[253] 이미 앞에서 인용한 것과 같다고 한 것은, 영인본 화엄 2책, p.794, 초문이니, 그곳에서 화엄 41경 십정품에 나온다고 하였다.

> 經

無量威儀身衆神은 得示一切衆生에 諸佛境界하는 解脫門하며

무량위의 신중신은 일체중생에게 모든 부처님의 경계를 시현하는 해탈문을 얻었으며,

> 疏

五는 威儀施化호대 無心頓現이 斯卽佛境이니 難以言思니라

다섯 번째는 위의威儀로 교화를 베푸시되 무심으로 문득 나타내는 것이 이것이 곧 부처님의 경계이니
말로써 사의하기 어려운 것이다.

經

最勝光嚴身衆神은 得令一切飢乏衆生으로 色力滿足케하는 解脫門하며

최승광엄 신중신은 일체 주리고 궁핍한 중생으로 하여금 색신과 힘을 만족케 하는 해탈문을 얻었으며,

疏

六은 佛爲良田일새 出世難遇니 一興微供하면 果獲五常이라 略言色力이나 亦有常命安樂辯才니라 此五皆常일새 方云滿足이요 受報無盡일새 故悉離貧窮이라

여섯 번째는 부처님은 좋은 밭이기에 세상에 나오심을 만나기 어렵나니
작은 공양이라도 한 번만 일으키면 과연 다섯 가지 영원함을 얻게 하는 것이다.
다 생략하고 색신과 힘만 말하였으나 또한 그 속에 영원한 목숨과 안락과 변재가 있는 것이다.
이 다섯 가지가 다 영원하기에 바야흐로 만족케 한다 말한 것이요, 과보를 받는 것이 끝이 없기에 그런 까닭으로 다 빈궁을 떠나게 한다 한 것이다.

鈔

果獲五常者는 疏文具列하니 卽涅槃第二에 純陀施食處說이라 下迴向施食中에 當廣明之리라 受報無盡者는 亦純陀事니 卽三十一經에 師子吼菩薩이 白佛言호대 世尊이시여 如佛先告純陀云호대 汝今已得見於佛性일새 得大涅槃과 阿耨多羅三藐三菩提라하니 是義云何 닛가 世尊이시여 如佛所說하야 施畜生者는 得百倍報라하시고 乃至云호대 施不退菩薩과 及最後身의 諸大菩薩과 如來世尊하고 所得福報는 無量無邊하며 不可稱計하며 不可思議라하샷나다 純陀大士가 若受如是無量報者인댄 是報無盡거니 何時에 當得阿耨多羅三藐三菩提 닛가하야 此下에 廣說施相거늘 下佛答意云호대 如向難言하야 純陀報無盡者는 謂世間報니라 然이나 業有多種하니 不必定受니라 隨人所造하야 愚智等殊하나니 今純陀는 大智라 將此施業하야 唯爲菩提와 及利衆生거니 云何令受人天之報하고 不得菩提리요 況所造業과 及受果報가 皆是垂跡이며 若善若惡이 非現生後에 受是業報아하시고 下廣說業이 有定不定과 愚智輕重하며 一切聖人은 爲壞定業하야 得輕報故며 不定之業은 無果報等하니라 則報無盡者는 是約世間이니 今疏에 爲順悉離貧窮일새 故로 引世間受報無盡耳요 非取彼經에 師子吼菩薩之難意니라

과연 다섯 가지 영원함을 얻게 하신다고 한 것은 소문疏文에 갖추어 열거하였으니,
곧 『열반경』 제이권에 순타가 음식을 공양(施)한 곳의 말이다.

아래 회향품 시식施食 부분에 가서 마땅히 폭넓게 밝히겠다.

과보를 받는 것이 끝이 없다고 한 것은 또한 순타純陀의 사건이니, 곧 『열반경』삼십일경[254]에 사자후보살이 부처님께 여쭈어 말하기를 세존이시여, 부처님께서 먼저 순타에게 일러 말씀하시기를 그대가 지금 이미 불성을 봄을 얻었기에 대열반과 아뇩다라삼먁삼보리[255]를 얻을 것이다 하셨으니, 이 뜻이 어떠합니까.
세존이시여, 부처님께서 설한 바와 같아서 축생에게 보시하는 사람은 백배의 과보[256]를 얻는다고 하시고, 내지[257] 말씀하시기를 불퇴不退

---

254 삼십일경이라고 한 것은, 『열반경』삼십일 경이니, 남장경으로는 이십구경이다. 동대 역경본은 남장경이라고 누차 말하였다. 『잡화기』에 말하기를 이 가운데 사자후보살이 물은 뜻은 곧 세간에 즐거움의 과보를 받는 것이 마땅히 끝이 없는 시간이거니, 어느 틈에 출세간에 최상의 과보를 얻겠습니까. 세존께서 답하신 뜻은 곧 어리석은 사람은 모든 세간의 선업을 지음에 오직 세간에 즐거움의 과보만 구하기에 그런 까닭으로 저런 일이 있거니와, 지금에 순타는 이에 크게 지혜로운 사람이다. 비록 세간의 선업을 지었을지라도 그 뜻은 오직 보리를 위하고 중생을 위한 까닭으로 반드시 부처님의 과보를 얻는 것이다. 또 하물며 순타가 이 자취를 내린 것은 사람인즉, 이 순타가 지은 바 업에 가히 결정코 삼시로 그 과보 받음을 논할 수 없음이라 하였다.
255 득대열반得大涅槃이라고 한 아래는, 『열반경』에는 성취成就라는 두 글자가 있다. 즉 대열반을 얻고 아뇩다라삼먁삼보리를 성취할 것이다 하셨으니라고 번역할 것이다. 앞의 순타품에서 음식을 보시하면 두 가지 과보를 얻나니, 첫 번째는 아뇩다라삼먁삼보리이고 두 번째는 대열반이다 하였다.
256 백배의 과보라고 한 것은 마치 일전을 보시하고 백전의 과보를 얻는 것과

보살과 그리고 최후신最後身의 모든 보살과 여래 세존에게 보시하고 얻은 바 복의 과보는 한량도 없고 끝도 없으며 가히 헤아릴 수도 없으며 가히 사의할 수도 없다고 하셨나이다.

순타대사가 만약 이와 같이 한량없는 과보를 받는다면 이 과보는 끝이 없거니, 어느 때에 마땅히 아뇩다라삼먁삼보리를 얻겠습니까 하여 이 아래에 보시의 모습을 폭넓게 설하거늘, 그 아래에 부처님이 답한 뜻에 말하기를 향래에 질문한 말과 같아서 순타대사의 과보가 끝이 없다고 한 것은 세간의 과보를 말한 것이다.

그러나 업에 여러 가지가 있나니 반드시 결정코 받는 것은 아니다. 사람이 짓는 바를 따라서 어리석고 지혜로운 등이 다르나니, 지금에 순타는 대지혜인이다.

이 보시의 업을 가져 오직 깨달음(菩提)과 그리고 중생을 이익케 하기 위한 것이거니 어떻게 하여금 인천의 과보만 받고 깨달음을 얻지 못하게 하겠는가.

하물며 지은 바 업과 그리고 과보를 받는 것이 다 자취를 내리는 것이며, 혹 선업과 혹 악업이 현생과 다음 생과 후생[258]에 이 업보를

같은 것이 그 유형이다고 『잡화기』는 말한다. 신라의 김대성도 시일득만배施一得萬倍라는 점계스님의 말을 듣고 얼마 되지 않는 논밭을 다 보시하고 죽은 뒤 다시 거부장자 집에 태어났다.

[257] 내지라고 한 것은, 잇찬티카에게 보시하면 천 배의 과보를 얻고, 계를 지키는 사람에게 보시하면 백천 배의 과보를 얻고, 번뇌를 끊은 외도와 사향四向과 사과四果와 벽지불에게 보시하면 한량없는 과보를 얻는다 한 것이다.

[258] 원문에 현생후現生後라고 한 것은 현現은 현생現生이고, 생생은 차생次生後이고, 후後는 후생後生이니 삼시에 과보를 받는 것(三時受報)이다. 차생이라고

받지 아니함이겠는가 하시고, 그 아래에 업이 결정된 것과 결정되지 아니한 것과 어리석은 것과 지혜로운 것과 가벼운 것과 무거운 것이 있으며,

일체 성인은 결정된 업을 무너뜨려 가벼운 과보를 얻게 하는 까닭이며,

결정되지 아니한 업은 과보가 없게 하기 위한 것이다 한 등을 폭넓게 설하였다.

곧 과보가 끝이 없다고 한 것은 이것은 세간의 업을 잡은 것이니, 지금 소문(疏)에서 다 빈궁을 떠나게 한다고 한 것을 따르기 위하기에 그런 까닭으로 세간에 끝없는 과보를 받는다고 한 것을 인용하였을 뿐이고, 저 『열반경』에 사자후보살이 질문한 뜻을 취한 것은 아니다.

한 것은 죽은 뒤에 바로 다음 생이고, 후생이라고 한 것은 죽은 뒤에 몇 생 뒤인지 알 수가 없다.

經

淨光香雲身衆神은 得除一切衆生의 煩惱垢하는 解脫門하며

정광향운 신중신은 일체중생의 번뇌의 때를 제멸하는 해탈문을 얻었으며,

疏

七은 齒光除垢이니 表所說淨故니라

일곱 번째는 치아 사이에 광명으로 번뇌의 때를 제멸하는 것이니 설하는 바가 청정함을 표한 까닭이다.

經

守護攝持身衆神은 得轉一切衆生의 愚癡魔業하는 解脫門하며

수호섭지 신중신은 일체중생의 어리석은 마군의 업을 전변(轉)하는 해탈문을 얻었으며,

疏

八은 有染於五塵하고 無慈於六趣者가 愚癡魔業也니 體五欲性하야 虛己兼亡하야사 彼業斯轉이니라 而名云守護攝持者는 善守根門하고 攝散持德하면 則遠魔矣리라 然魔事惑은 不出三毒及慢이요 魔惱衆生은 不出三事니 謂上妙五欲과 及諸苦具와 爲說邪法이니 則三毒是生이라 三毒內著하면 卽爲魔業이어니와 今엔 守護覺察거니 魔如之何리요 卽偈中에 解脫道也니라

여덟 번째는 오진五塵[259]에 물들어 있고 육취六趣에 자비가 없는 것이[260] 어리석은 마군의 업이니,

---

259 오진五塵은, 색·성·향·미·촉이다.
260 오진에 물들어 있다고 한 것은 탐욕을 말한 것이고, 육취에 자비가 없다고 한 것은 성냄을 말한 것이다. 대개 어리석은 사람은 탐욕을 행하고 성냄을 행하지만 그것이 잘못이라 말함을 알지 못하나니, 곧 어리석음을 총으로 거론하면 곧 탐욕과 성냄을 겸하는 까닭으로 경문 가운데는 다만 어리석은 마군의 업이라고만 말한 것이다『잡화기』는 말한다.

오욕의 성품을 체달하여²⁶¹ 자기를 비우고 겸하여²⁶² 오욕의 경계마저 잃어야 저 중생들의 업을 이에 전변(轉)할 것이다.

이름을 수호섭지라고 말한 것은 육근의 문을 잘 지키고 산란한 마음을 거두어 공덕을 가지면 곧 마군이 멀리 떠나가는 것이다. 그러나 마군의 일에 미혹하는 것은 삼독과 그리고 교만을 벗어나지 않는 것이요,

마군으로 괴로워하는 중생은 세 가지 일을 벗어나지 않는 것이니, 말하자면 위에 묘오욕妙五欲²⁶³과 그리고 모든 고통의 기구²⁶⁴와 삿된 법을 설하는 것이니 곧 삼독이 여기에서 생기는 것이다.

삼독이 안으로 집착하면 곧 마군의 업이 되거니와, 지금에는 수호하고 깨달아 살피거니 마군이 어찌 하겠는가. 곧 게송 가운데 해탈도라 한 것이다.

---

261 오욕의 성품을 체달한다고 한 등의 두 구절은, 차례와 같이 위의 오진에 물들어 있다는 등의 두 구절을 번복하여 해석한 것이니, 자기를 비운 연후에사 바야흐로 가히 중생을 위할 수 있다고 『잡화기』는 말한다. 오욕은 곧 오진이다.

262 겸망兼忘이라고 한 겸兼은 경계(法)이니, 곧 오욕의 경계이다.

263 묘오욕妙五欲은, 묘색오욕妙色五欲이라고도 하나니, 곧 오욕이고 오진이다.

264 모든 고통의 기구라고 한 것은, 곧 육근六根이다.

> 經

普現攝化身衆神은 得普於一切世主宮殿中에 顯示莊嚴相하는 解脫門하며

보현섭화 신중신은 널리 일체 세주들의 궁전 가운데 장엄의 모습을 현시하는 해탈문을 얻었으며,

> 疏

九는 此有三意하니 一은 身雖周於法界나 多示爲王은 攝御自在故요 二는 八相處於王宮은 俯接物故요 三은 法界菩提樹下는 法王宮故니라

아홉 번째는 여기에 세 가지 뜻이 있나니
첫 번째는 몸이 비록 법계에 두루하시지만 다분히 현시하기를 왕으로 하신 것은 섭수하여 제어하는 것이 자재한 까닭이요,
두 번째는 팔상八相으로 왕궁에 거처하신 것은 숙이고 중생에게 접근한 까닭이요,
세 번째는 법계 보리수 아래에 계신 것은 법왕의 궁전인 까닭이다.

經

不動光明身衆神은 得普攝一切衆生하야 皆令生淸淨善根케하는 解脫門하니라

부동광명 신중신은 널리 일체중생을 섭수하여 다 하여금 청정한 선근을 내게 하는 해탈문을 얻었습니다.

疏

十은 迷於本空일새 故有妄苦요 無漏本有일새 是淨善根이라

열 번째는 본래 공함에 미혹하였기에 그런 까닭으로 허망한 고통이 있고, 무루의 선근이 본래부터 있기에 이에 청정한 선근이 생기는 것이다.

經

爾時에 淨喜境界身衆神이 承佛威力하야 普觀一切身衆神衆하고 而說頌言호대

我憶須彌塵劫前에　　　有佛妙光出興世하시니
世尊於彼如來所에　　　發心供養一切佛하얏다

如來身放大光明에　　　其光法界靡不充거늘
衆生遇者心調伏하나니　此照方神之所見이니다

如來聲震十方國하시대　一切言音悉圓滿하사
普覺群生無有餘케하시니 調伏聞此心歡慶이니다

佛身淸淨恒寂滅하사　　普現衆色無諸相거늘
如是遍住於世間하시니　此淨華神之所入이니다

導師如是不思議하사　　隨衆生心悉令見
或坐或行或時住케하시니 無量威儀所悟門이니다

佛百千劫難逢遇나　　　出興利益能自在하사
令世悉離貧窮苦케하시니 最勝光嚴入斯處이니다

如來一一齒相間에　　普放香燈光焰雲하사
滅除一切衆生惑하시니　離垢雲神如是見이니다

衆生染惑爲重障하야　　隨逐魔徑常流轉거늘
如來開示解脫道하시니　守護執持能悟入이니다

我觀如來自在力하니　　光布法界悉充滿하시고
處王宮殿化衆生하시니　此普現神之境界이니다

衆生迷妄具衆苦어늘　　佛在其中常救攝하사
皆令滅惑生喜心케하시니 不動光神所觀見이니다

그때 정희경계 신중신이 부처님의 위신력을 받아 널리 일체 신중신의 대중을 관찰하고 게송을 설하여 말하기를,

내 기억하여 보니 수미산 티끌 수만치 많은 세월 전에
부처님 묘광이 계셔 세간에 출흥하시니
세존이 저 여래의 처소에서
발심하여 일체 부처님에게 공양하셨습니다.

여래가 몸에 큰 광명을 놓으심에
그 광명이 법계에 넘쳐나지 아니함이 없거늘
중생으로 만나는 이가 마음에 다 조복하나니

이것은 광조시방 신중신이 본 바입니다.

여래가 음성으로 시방의 국토를 진동하시되
일체 말과 음성이 다 원만하여
널리 중생을 깨우쳐 남음이 없게 하시니
해음조복 신중신이 이 법문을 듣고 마음에 기뻐하고 경사했습니다.

부처님의 몸은 청정하고 항상 적멸하여
널리 수많은 색상을 나타내지만 모든 색상이 없거늘
이와 같이 세간에 두루 머무시나니
이것은 정화엄계 신중신이 들어간 바입니다.

도사는 이와 같이 사의할 수 없어서
중생의 마음을 따라 다 하여금
혹시에는 앉고 혹시에는 가고 혹시에는 머무름을 보게 하시니
무량위의 신중신이 깨달은 바 법문입니다.

여래는 백천 세월에도 만나기 어렵지만
출흥하여 이익케 하심이 능히 자재하여
세간으로 하여금 다 빈궁의 고통을 떠나게 하시니
최승광엄 신중신이 이곳에 들어갔습니다.

여래의 낱낱 치아 사이에

널리 향과 등燈의 광명 불꽃 구름을 놓아
일체중생의 미혹을 멸제하시니
이구향운[265] 신중신이 이와 같이 보았습니다.

중생이 물들고 미혹[266]한 것이 무거운 장애가 되어
마군의 길을 따르고 쫓아 항상 유전하거늘
여래가 해탈의 길을 열어 보이시니
수호집지[267] 신중신이 능히 깨달아 들어갔습니다.

내가 여래의 자재한 힘을 관찰하니
광명을 법계에 펴 다 넘쳐나게 하시고
왕의 궁전에 거처하여 중생을 교화하시니
이것은 보현섭화 신중신의 경계입니다.

중생이 미망하여 수많은 고통을 갖추어 받거늘
부처님이 그 가운데 계셔 항상 구호하여
다 하여금 미혹을 제멸하고 환희심을 내게 하시니
부동광명 신중신이 본 바입니다.

---

265 이구향운은, 장행문에는 정광淨光이라 하였다.
266 미혹(惑)이라고 한 것은, 장행문의 소문에 오진五塵이라 하였다.
267 수호집지는, 장행문에는 수호섭지라 하였다.

> 經

復次 妙色那羅延執金剛神은 **得見如來**의 **示現無邊色相身**하는 **解脫門**하며

다시 묘색나라연 집금강신은[268] 여래가 끝없는 색상의 몸을 시현함을 보는 해탈문을 얻었으며,

> 疏

第十九는 執金剛神이니 長行十法이라 一은 見如來身이 普現非別이니 豈唯凡現之處가 卽無邊相이리요 亦隨一一色相하야 皆無有邊이라

제 열아홉 번째는 집금강신이니
장행문에 십법이 있다.
첫 번째는 여래의 몸이 널리 나타나지만 다르지 아니함을 보나니, 어찌 오직 무릇 나타나는 곳에만이 곧 끝없는 모습이겠는가. 또한 낱낱 색상을 따라서[269] 다 끝이 없는 것이다.

---

268 묘색나라연 집금강신이라 한 아래는 제 두 번째 치지주에 속한다.
269 또한 낱낱 색상을 따른다고 한 등은, 이 위에서는 곧 색상의 몸이 곳곳마다 두루하지 아니함이 없는 까닭으로 끝이 없다 말한 것이니 넓고 많아 끝이 없는 것을 잡은 것이고, 여기는 곧 한 색상의 몸을 거론함을 따라 낱낱 색상의 몸이 여래의 진신에 칭합하는 까닭으로 끝이 없다 말한 것이니

경계를 끊어 끝이 없는 것을 잡은 것이다. 이 두 가지는 장행과 그리고 게송에 아울러 통하는 것이다고 『잡화기』는 말한다.

> 經

日輪速疾幢執金剛神은 得佛身一一毛가 如日輪하야 現種種光明雲하는 解脫門하며

일륜속질당 집금강신은 부처님의 몸에 낱낱 털이 둥근 해와 같아서 가지가지 광명의 구름을 나타내는 해탈문을 얻었으며,

須彌華光執金剛神은 得化現無量身하는 大神變의 解脫門하며

수미화광 집금강신은 한량없는 몸을 화현하는 큰 신통변화의 해탈문을 얻었으며,

淸淨雲音執金剛神은 得無邊隨類音의 解脫門하며

청정운음 집금강신은 끝없는 유형을 따르는 음성의 해탈문을 얻었으며,

> 疏

二三四는 可知라

두 번째와 세 번째와 네 번째는 가히 알 수가 있을 것이다.

經

妙臂天主執金剛神은 得現爲一切世間主하야 開悟衆生케하는 解脫門하며

묘비천주 집금강신은 일체 세간에 주인이 됨을 나타내어 중생을 열어 깨닫게 하는 해탈문을 얻었으며,

疏

第五神은 初卷中에 名諸根美妙라하얏거늘 今但云妙臂라하니 文義俱闕이라 又加天主하니 以現爲世主故니라

제 다섯 번째 묘비천주신은 첫 권 가운데[270]는 이름을 제근미묘라 하였거늘, 지금에는 다만 묘비라고만 말하니
문장의 뜻이 함께 빠진 듯하다.
또 천주라는 말을 더하였으니
세간에 주인이 됨을 나타내는 까닭이다.

---

270 첫 권 가운데라고 한 것은, 이 『화엄경』 세주묘음 첫 권 열명列名 가운데를 말한다.

經

可愛樂光明執金剛神은 得普開示一切佛法의 差別門하야 咸盡無遺하는 解脫門하며

가애락광명 집금강신은 널리 일체 불법에 차별한 문을 열어 보여 모두 남김없이 다 하는 해탈문을 얻었으며,

疏

六은 法海深奧에 槃節差別을 巧說令現하야 無有遺餘케하니라

여섯 번째는 불법의 바다 깊고 오묘한 곳에 서린 마디처럼[271] 차별한 뜻을 방편[272]으로 설하여 하여금 나타내어 남음이 없게 하는 것이다.

---

[271] 서린 마디처럼(槃節)이라고 한 것은, 반근착절槃根錯節의 준말이니, 뒤엉킨 뿌리처럼, 뒤섞인 마디처럼 복잡하고 차별한 것을 말한다. 반槃은 반盤과 같다.『잡화기』에 반槃은 물이 얽히어 도는 모습이니,『조도부趙都賦』에 굽고 뒤얽힌 것이라고 한다 하였다.

[272] 차별한 뜻을 방편이라고 한 것은, 아래 게송에 차별한 뜻과 방편문을 토比면 여기 소문도 차별과 방편(巧)을 토이고, 아래 게송에 차별한 뜻을 방편문으로 토이면 여기 소문도 차별한 뜻을 방편으로 토이다.

經

大樹雷音執金剛神은 得以可愛樂莊嚴具로 攝一切樹神하는 解脫門하며

대수뇌음 집금강신은 가히 사랑하고 좋아할 장엄 기구로써 일체 나무 신들을 섭수하는 해탈문을 얻었으며,

疏

七은 約神인댄 且說寶飾爲嚴하야 巧攝己衆거니와 約佛인댄 方便相好爲嚴하야 無不攝也니라

일곱 번째는 신神을 잡는다면 또한 보배로 꾸며 장엄하여 방편으로 자기 대중을 섭수함을 설한 것이라 할 것이어니와,
부처님을 잡는다면 방편과 상호相好로 장엄하여 섭수하지 아니함이 없음을 설한 것이라 할 것이다.

經

師子王光明執金剛神은 得如來廣大한 福莊嚴聚가 皆具足明了한 解脫門하며

사자왕광명 집금강신은 여래의 광대한 복덕 장엄의 뭉치가 다 구족하여 명료明了한 해탈문을 얻었으며,

疏

八은 因深故로 大福爲能嚴하고 果勝故로 德相皆明足이라

여덟 번째는 원인이 깊은 까닭으로 큰 복을 능히 장엄하고, 과보가 수승한 까닭으로 덕상을 다 명료하게 구족한 것이다.

經

密焰吉祥目執金剛神은 得普觀察險惡衆生心하야 爲現威嚴身하는 解脫門하며

밀염길상목 집금강신은 널리 험악한 중생의 마음을 관찰하여 그들을 위하여 위엄威嚴한 몸을 나타내는 해탈문을 얻었으며,

疏

九는 惡謂十惡이요 險者는 惡之因也니 能陷自他하야 反險道故니라

아홉 번째는 악惡이라는 것은 십악을 말하는 것이고
험險이라는 것은 악의 원인[273]이니,
능히 자기도 다른 사람도 빠뜨려 험한 길(險道)에 반복하게 하는 까닭이다.

---

[273] 악의 원인이라고 한 것은, 험악한 것이 악의 원인이 되는 것을 말한 것이 아니라 그 뜻은 험악한 것은 악의 원인을 인유함을 밝힌 것이다. 이상은 『잡화기』의 말이다.

經

蓮華摩尼髻執金剛神은 得普雨一切菩薩莊嚴具인 摩尼髻하는 解脫門하니라

연화마니계 집금강신은 널리[274] 일체 보살의 장엄 기구인 마니계를 비 내리는 해탈문을 얻었습니다.

疏

十은 若以現文인댄 則摩尼髻가 是所雨요 若以義取인댄 此神名이 摩尼髻니라 亦得髻는 是能雨요 一切菩薩嚴具는 是所雨니 表菩薩智光이 圓滿故니라

열 번째는 만약 나타난 경문이라면 마니계가 이 소우所雨이고 만약 뜻으로써 취한다면 이 신神의 이름이 마니계이다.
또 마니계를 얻는다고 한 것은 이 능우能雨이고
일체 보살의 장엄 기구라고 한 것은 이 소우所雨이니
보살의 지혜광명이[275] 원만함을 표한 까닭이다.

---

274 보우普雨라고 한 등은, 처음에 해석은 곧 具인 髻를 雨하는 吐이고, 두 번째 해석은 곧 具를 雨하는 吐이니 가히 알 수 있을 것이다. 『잡화기』의 말이다.
275 보살의 지혜광명이라고 한 등은, 장엄 기구는 지혜광명을 표한 것이지만 그러나 이미 이 마니계를 비 내린 바인 까닭으로 원만함을 얻는 것이다. 이상은 역시 『잡화기』의 말이다.

◯經

爾時에 妙色那羅延執金剛神이 承佛威力하야 普觀一切執金剛
神衆하고 而說頌言호대

汝應觀法王하라　法王法如是니
色相無有邊하사　普現於世間이니다

佛身一一毛에　　光網不思議하나니
譬如淨日輪이　　普照十方國이니다

如來神通力이　　法界悉周遍하사
一切衆生前에　　示現無盡身이니다

如來說法音을　　十方莫不聞이니
隨諸衆生類하야　悉令心滿足케하니다

衆見牟尼尊이　　處世宮殿中하사
普爲諸群生하야　闡揚於大法이니다

法海漩澓處에　　一切差別義를
種種方便門으로　演說無窮盡이니다

그때 묘색나라연 집금강신이 부처님의 위신력을 받아 널리 일체 집금강신의 대중을 관찰하고 게송을 설하여 말하기를,

그대들은 응당 법왕을 관찰하세요.
법왕의 법이 이와 같으시니
색상의 몸이 끝이 없어서
널리 세간에 나타나십니다.

부처님 몸의 낱낱 털에
광명의 그물을 사의할 수 없나니
비유하자면 맑은 태양이
널리 시방의 나라를 비추는 것과 같습니다.

여래의 신통력이
법계에 다 두루하여
일체중생들 앞에
끝없는 몸을 시현하십니다.

여래가 설법하는 음성을
시방에 듣지 않는 이가 없나니
모든 중생의 유형을 따라서
다 하여금 마음에 만족케 하십니다.

대중들이 석가모니 세존께서
세간의 궁전 가운데 거처하여
널리 모든 중생을 위하여
큰 법을 열어 드날리심을 봅니다.

진리의 바다가 소용돌이쳐 흐르는 곳에
일체 차별한 뜻을
가지가지 방편문으로 연설하여
다함이 없게 하십니다.

疏

偈中第六에 云漩澓者는 水之漩流하고 洄澓之處니 一은 甚深故요 二는 廻轉故요 三은 難渡故라 法海漩澓도 亦然하나니 一은 唯佛能究故요 二는 眞妄相循하야 難窮初後故요 三은 聞空謂空인댄 則沈於漩澓이요 聞有謂有等은 皆類此知니 故云一切差別義也라하니라

게송 가운데 제 여섯 번째 게송에 소용돌이쳐 흐른다(漩澓)[276]고 한 것은 물이 소용돌이쳐 흐르고 돌아서 흐르는 처소이니 첫 번째는 깊고도 깊은 까닭이요,

---

276 원문에 선복漩澓(漩流洄澓)은, 영인본 화엄 3책, p.127, 말행에 이미 말한 바 있다. 선漩은 소용돌이칠 선이고, 복澓은 흐를 복이며, 회洄는 돌아 흐를 회이다.

두 번째는 회전廻轉하는 까닭이요,
세 번째는 건너기 어려운 까닭이다.
진리의 바다가 소용돌이쳐 흐르는 것도 또한 그러하나니
첫 번째는 오직 부처님이라야 능히 궁구하는 까닭이요,
두 번째는 진실(眞)과 허망(妄)이 서로 돌아 처음과 뒤를 다하기 어려운 까닭이요,
세 번째는 공空에 대하여 듣고 공하다고만 말한다면 곧 소용돌이쳐 흐름에 빠진 것과 같고, 유有에 대하여 듣고 있다고만 말하는 등은 다 이것을 비류比類하면 알 수 있나니
그런 까닭으로 말하기를 일체 차별한 뜻이라 한 것이다.

鈔

眞妄相循하야 難窮初後故者는 若言先妄後眞인댄 眞則有始요 若謂先眞後妄인댄 妄由何生이리요 若妄依眞起인댄 眞亦非眞이요 若妄體卽眞인댄 妄亦無始리라 爲破始起하야 立無始言이언정 始旣不存이거니 終從何立하며 無終無始거니 豈有中間이리요 故中論云호대 大聖之所說은 本際不可得이니 生死無有始며 亦復無有終이라 若無有始終인댄 中當云何有리요 是故於此中엔 先後共亦無라하니 眞妄兩亡하야사 方說眞妄거니와 眞妄交徹거니 何定始終이리요

진실과 허망이 서로 돌아 처음과 뒤를 다하기 어려운 까닭이라고 한 것은, 만약 허망(妄)이 먼저이고 진실(眞)이 뒤라고 말한다면

진실(眞)이 곧 시작이 있을 것이요,
만약 진실(眞)이 먼저이고 허망(妄)이 뒤라고 말한다면 허망(妄)이 무엇을 인유하여 생기겠는가.
만약 허망이 진실을 의지하여 생기한다면 진실(眞) 또한 진실(眞)이 아닐 것이요,
만약 허망 자체가 곧 진실이라면 허망(妄) 또한 시작이 없을 것이다.
처음 일어남이 있다고 함을 깨뜨리기 위하여[277] 시작이 없다는 말을 세웠을지언정 시작이 이미 존재하지 않거니 마침이 무엇으로 좇아 성립하며, 마침도 없고 시작도 없거니 어찌 중간이 있겠는가.
그런 까닭으로 『중론』에 말하기를
대성大聖이 설한 바는
본제本際를 가히 얻을 수 없나니
생사는 시작도 없으며
또한 다시 마침도 없는 것이다.

만약 시작도 마침도 없다면
중간이 마땅히 어떻게 있겠는가.
이런 까닭으로 이 가운데는

---

277 깨뜨리기 위하여라고 한 등은, 이 위에는 진실과 허망이 시작이 없음을 밝혔고, 여기는 진실과 허망이 마침이 없음을 밝힌 것이니, 어떤 사람의 뜻에 말하기를 이미 만약 시작이 없다고 하였다면, 비록 그 시작은 없지만 응당 반드시 마침은 있다고 해야 할 것이다 할까 염려하기에 그런 까닭으로 여기에 해석하여 시작이 없음을 나타낸 것이다. 역시 『잡화기』의 말이다.

먼저도 뒤도 함께 또한 없다 하였으니,
진실(眞)과 허망(妄)이 둘 다 없어져야[278] 바야흐로 진실과 허망을 설할 것이어니와, 진실과 허망이 서로 사무치거니 어찌 시작과 마침을 결정하겠는가.

聞空謂空인댄 則沈於漩澓者는 大分深義는 所謂空也니 以空爲空인댄 雖深而沈矣리라 餘三句亦然하니라 不取空相하면 則無所沈하나니 何以故요 空相不可得故니라 若復見有空하면 諸佛所不化故니 空卽有故니라 有等亦然하니라

공에 대하여 듣고 공하다고만 말한다면 곧 소용돌이쳐 흐름에 빠진 것과 같다고 한 것은, 대부분 깊다는 뜻은 말하자면 공空이니 공으로써 공을 삼는다면 비록 깊지만 빠질 것이다.
나머지 삼구三句[279]도 또한 그러한 것이다.
공의 모습을 취하지 아니하면 곧 빠질 바가 없나니

---

278 진실(眞)과 허망(妄)이 둘 다 없어져야 한다고 한 등은, 진실이 만약 없지 않다면 반드시 시작과 마침이 있을 것이요, 이미 시작과 마침이 있다면 어찌 진실이라 이름하겠는가. 영원한 진리라야 바야흐로 진실이라 하는 까닭이다.
허망이 만약 없지 않다면 반드시 시작과 마침이 있을 것이요, 이미 시작과 마침이 있다면 어찌 허망이라 이름하겠는가. 실체가 있는 까닭이다. 역시 『잡화기』의 말이다.
279 나머지 삼구三句라고 한 것은, 유有와 역공역유亦空亦有와 비공비유非空非有이다. 『잡화기』는 유와 그리고 역유역무와 비유비무가 이것이다 하였다.

무슨 까닭인가.
공의 모습을 가히 얻을 수 없는 까닭이다.
만약 다시 공의 모습이 있다고 본다면 모든 부처님도 교화하지 못할 바인 까닭이니
공이 곧 유有인 까닭이다. 유有 등[280]도 또한 그러한 것이다.

---

[280] 유有 등이라고 한 것은, 나머지 삼구이다.

(經)

無邊大方便으로　普應十方國하시니
遇佛淨光明하면　悉見如來身이니다

供養於諸佛을　億刹微塵數하샷나니
功德如虛空하야　一切所瞻仰이니다

神通力平等하사　一切刹皆現하시며
安坐妙道場하사　普現衆生前이니다

焰雲普照明한　種種光圓滿이
法界無不及하야　示佛所行處이니다

끝없는 큰 방편으로
널리 시방의 국토에 응하시니
부처님의 청정한 광명을 만나면
다 여래의 몸을 볼 것입니다.

모든 부처님께 공양하기를
억 국토 작은 티끌 수 세월토록 하셨나니
그 공덕은 허공과 같아서
일체 세간이 우러러보는 바입니다.

신통력이 평등하여
일체 국토에 다 나타나시며
묘길상 도량에 편안히 앉아
널리 중생 앞에 나타나십니다.

불꽃 구름으로 널리 비추어 밝히신
가지가지 원만한 광명이
법계에 미치지 아니함이 없이
부처님이 행하신 바 처소를 시현하였습니다.

㊗ 疏

餘並可知라
上來에 異生衆은 竟이라

나머지[281]는 아울러 가히 알 수가 있을 것이다.

상래上來에 이생異生 대중은 마친다.

---

[281] 나머지라고 한 것은, 지금 말한 네 가지 게송이다.

청량 징관(清凉 澄觀, 738~839)

중국 화엄종의 제4조.

절강성浙江省 월주越州 산음山陰 사람으로, 속성은 하후夏侯, 자는 대휴大休, 탑호는 묘각妙覺이다.

11세에 출가하여 계율, 삼론, 화엄, 천태, 선 등을 비롯, 내외전을 두루 수학하였다. 40세(777년) 이후 오대산 대화엄사에 머물면서 『화엄경』을 여러 차례 강설하였으며, 이를 토대로 『대방광불화엄경소』 60권, 『대방광불화엄경수소연의초』 90권을 저술하고 강의하였다. 796년에는 반야삼장의 『40권 화엄경』 번역에 참여하였고, 덕종에게 내전에서 화엄의 종지를 펼쳤다. 덕종에게 청량국사清涼國師, 헌종에게 승통청량국사僧統清涼國師라는 호를 받는 등 일곱 황제의 국사를 지냈다.

저서로 『화엄경주소華嚴經註疏』, 『화엄경수소연의초華嚴經隨疏演義鈔』, 『화엄경강요華嚴經綱要』, 『화엄경략의華嚴經略義』, 『법계현경法界玄鏡』, 『삼성원융관문三聖圓融觀門』 등 400여 권이 있다.

관허 수진貫虛 守眞

1971년 문성 스님을 은사로 출가, 1974년 수계, 해인사 강원과 금산사 화엄학림을 졸업하고, 운성, 운기 등 당대 강백 열 분에게 10년간 참문수학하였다.

1984년부터 수선안거 10년을 성만하고, 1993년부터 7년간 해인사 강원 강주로 학인들을 지도하였다.

대한불교조계종 교육위원, 역경위원, 교재편찬위원, 중앙종회의원, 범어사 율학승가대학원장 및 율주를 역임하였다.

현재 부산 승학산 해인정사에 주석하면서, 대한불교조계종 고시위원장, 단일계단 계단위원·존증아사리, 동명대학교 석좌교수, 동명대학교 세계선센터 선원장 등의 소임을 맡고 있다.

청량국사화엄경소초 16 - 세주묘엄품 ⑥

초판 1쇄 인쇄 2021년 4월 16일 | 초판 1쇄 발행 2021년 4월 26일
청량 징관 찬술 | 관허 수진 현토역주 | 펴낸이 김시열
펴낸곳 도서출판 운주사

    (02832) 서울시 성북구 동소문로 67-1 성심빌딩 3층
    전화 (02) 926-8361 | 팩스 0505-115-8361

ISBN 978-89-5746-646-9 94220
ISBN 978-89-5746-592-9 (총서) 값 18,000원

http://cafe.daum.net/unjubooks 〈다음카페: 도서출판 운주사〉